BEI GRIN MACHT SICH IHR WISSEN BEZAHLT

- Wir veröffentlichen Ihre Hausarbeit, Bachelor- und Masterarbeit

- Ihr eigenes eBook und Buch - weltweit in allen wichtigen Shops

- Verdienen Sie an jedem Verkauf

Jetzt bei www.GRIN.com hochladen und kostenlos publizieren

Bibliografische Information der Deutschen Nationalbibliothek:

Die Deutsche Bibliothek verzeichnet diese Publikation in der Deutschen National-bibliografie; detaillierte bibliografische Daten sind im Internet über http://dnb.d-nb.de/ abrufbar.

Impressum:

Copyright © 2015 GRIN Verlag, Open Publishing GmbH
Druck und Bindung: Books on Demand GmbH, Norderstedt Germany
ISBN: 9783668318120

Dieses Buch bei GRIN:

http://www.grin.com/de/e-book/341813/die-haftung-von-vorstand-und-aufsichtsrat-einer-aktiengesellschaft

Kerstin Diaz

Die Haftung von Vorstand und Aufsichtsrat einer Aktiengesellschaft

GRIN Verlag

Die Haftung von

Vorstand und Aufsichtsrat

einer Aktiengesellschaft

Zum Erlangen des akademischen Grades

Master of Arts

Eingereicht von Kerstin Diaz, Fachsemester 3

Hochschule Biberach

Studienfach Betriebswirtschaft (Bau & Immobilien)

Abgabedatum: 27.02.2015

Inhaltsverzeichnis

4. Haftungsvermeidungsstrategien für... Aufsichtsrat & Vorstand 86

Abbildungsverzeichnis

Abkürzungsverzeichnis

%	Prozent
€	Euro
§	Paragraph
§§	Paragraphen
Abs.	Absatz
AG	Aktiengesellschaft
AktG	Aktiengesetz
AO	Abgabeordnung
Aufl.	Auflage
Bayern LB	Bayrische Landesbank
BGB	Bürgerliches Gesetzbuch
BGH	Bundesgerichtshof
BörsG aF	Börsengesetz alte Fassung
bzgl.	Bezüglich
D&O- Versicherung	Directors-and-Officers-Versicherung
d.h.	das heißt
DCGK	Deutscher Corparate Governance Kodex
DGB	Deutscher Gewerkschaftsbund
DM	Deutsche Mark
DrittelbG	Drittbeteiligungsgesetz
etc.	et cetera
f.	folgende
ff.	fort folgende
gem.	gemäß
GmbH	Gesellschaft mit beschränkter Haftung
GWB	Gesetz gegen Wettbewerbsbeschränkungen
HGH	Handelsgesetzbuch

Hrsg.	Herausgeber
HR	Human Resources
i.d.R.	in der Regel
i.M.	im Moment
i.S.d.	im Sinne des
i.S.v.	im Sinne von
i.V.m.	In Verbindung mit
InsO	Insolvenzverordnung
KG	Kommanditgesellschaft
KGaA	Kommanditgesellschaft auf Aktien
KonTraG	Gesetz zur Kontrolle und Transparenz in Unternehmen
LG	Landgericht
Ltd	Limited
MarkenG	Markengesetz
max.	maximal
min.	mindestens
MitbestG	Mitbestimmungsgesetz
Nr.	Nummer
o. J.	ohne Jahr
o. V.	ohne Verfasser
OHG	Offene Handelsgesellschaft
OLG	Oberlandesgericht
PatG	Patentgesetz
S.	Seite
Sa.	Satz
sog.	so genannte
StGB	Strafgesetzbuch
u.ä.	und ähnliches
UmwG	Umwandlungsgesetz

UrhG	Urhebergesetz
usw.	und so weiter
UWG	Gesetz gegen den unlauteren Wettbewerb
v.	von
VAG a.F	Gesetz über die Beaufsichtigung der Versicherungsunternehmen alte Fassung
Verl.	Verlag
vgl.	vergleiche
VorstAG	Gesetz zur Angemessenheit der Vorstandsvergütung
VVG	Gesetz über den Versicherungsvertrag
WpHG	Gesetz über den Wertpapierhandel
z.B.	zum Beispiel
z.T.	zum Teil
z.Z.	zurzei

1. Einleitung

„Wenn der Vorstand eines Unternehmens gut ist, ist der Aufsichtsrat arbeitslos. Ist der Vorstand schlecht, ist der Aufsichtsrat hilflos."[1] Aussagen wie diese waren noch in den neunziger Jahren des letzten Jahrhunderts keine Seltenheit. Der Vorstand wurde in seiner Kontrollfunktion von kaum jemanden ernst genommen. Der Vorstand arbeitete wie es ihm beliebte, wenn dies erfolgreich war umso besser, wenn nicht, war es auch nicht weiter tragisch. Wurden Millionen versenkt, zahlte sowieso das Unternehmen und der Verantwortliche zog weiter. Es war ein durchaus angenehmes Leben in bester „eine Hand wäscht die andere" Manier. Doch das Blatt hat sich gewendet.

Medienwirksame Skandale und Unternehmenspleiten machten immer häufiger die Runde. Sei es der Mannesmann Prozess, der Gerichtsstreit Kirch/Deutsche Bank oder ganz aktuell die Bayern LB. Grundsatzentscheidungen des BGHs, wie das ARAG/Garmenbeck Urteil, veränderten die Art und Weise wie mit der persönlichen Haftung von Mitgliedern des Aufsichtsrates oder Vorstandes umgegangen wird. Neue Gesetzentwürfe wurden mit dem Gedanken eingebracht, die Durchgriffshaftung zu vereinfachen. Das erklärte Ziel dieser Masterthesis ist es zu untersuchen welche Pflichten der Vorstand bzw. Aufsichtsrat innehat und wie er diese zu verrichten hat. Inwiefern sich die Aufgaben unterscheiden und wie greifen sie ineinander, z.B. in Bezug auf die Informationsversorgung des Aufsichtsrates. Welche Verhaltensweisen sind nicht konform und wie die Konsequenzen für das betreffende Mitglied aussehen können, besonders in finanzieller Hinsicht wird aufgezeigt. Es ist zu beachten, dass es zwei unterschiedliche Interessengruppen gibt, diejenigen, die zur Gesellschaft gehören und die, die dies nicht tun. Durch die unterschiedlichen rechtlichen Beziehungen ergeben sich unterschiedliche Rechte und Pflichten der Organe. Welche dies im Detail sind, wird im Laufe der Arbeit ersichtlich. Welche Mittel und Wege bestehen, um die Haftung auszuschließen wird ein immer wichtigeres Thema, da es für die Betreffenden sonst um die bürgerliche Existenz geht.

---

[1] Brauweiler, Unternehmensführung heute, 2008, S. 301

Zunächst wird im ersten Kapitel definiert, was Haftung bedeutet, sowie die Aufgaben von Vorstand und Aufsichtsrat erörtert. Es wird kurz darauf eingegangen welche Rechtsformen diese Organe benötigen und in welchem Verhältnis sie zueinander stehen. Anschließend beginnt der Hauptteil, der drei Kapitel umfasst. Das zweite Kapitel setzt sich mit der Haftung gegenüber der Gesellschaft auseinander, also die Haftung der Vorstände und Aufsichtsräte im Innenverhältnis. Es werden die verschiedenen Pflichtverletzungen der beiden Organe ausführlich dargestellt und aufgezeigt. Im Kapitel drei folgt nun die Beschäftigung mit der Haftung von Vorstand und Aufsichtsrat im Außenverhältnis. Es wird geschildert, wer überhaupt Ansprüche gegen wen hat und wie diese zu Stande kommen. Kapitel vier erklärt, inwiefern die persönliche Haftung vermieden werden kann und durch welche Maßnahmen. Am Ende jedes der drei Hauptpunkte erfolgt eine kurze Zusammenfassung um die gewonnen Ergebnisse zu rekapitulieren. Den Abschluss dieser Thesis bildet das Fazit. Die unten abgebildete Grafik soll einen Überblick über den Aufbau der Arbeit sowie die Vorgehensweise geben.

Abbildung 1: Untersuchungsdesign

1.1. Definition Haftung

Zunächst einmal wird aufgezeigt, was Haftung ist und welche verschiedenen Formen von Haftung es gibt. Laut Gabler Wirtschaftslexikon ist Haftung „Einstehen für einen Schaden".[2] D.h. die juristische oder natürliche Person die eine Schädigung einer anderen juristischen oder natürlichen Person verursacht hat, muss dafür die Verantwortung übernehmen.

Im rechtlichen Sinne gibt es viele Arten von Haftung, diese Masterarbeit beschäftigt sich jedoch ausschließlich mit der Haftung von Vorständen und Aufsichtsräten. § 1 AktG besagt, dass eine AG eine eigene Rechtspersönlichkeit besitzt und somit ist die Gesellschaft selbst, nicht etwa Ihre Anteilseigner oder Ihre Organe, Träger von Rechten und Pflichten.[3] Die AG ist also eine juristische Person, die durch ihre drei Organe, Vorstand, Aufsichtsrat und Hauptversammlung lediglich handelt.

Grundsätzlich herrscht für die AG die Organhaftung gem. § 31 BGB. Diese besagt, dass die Gesellschaft für den Schaden haftet, den ein rechtmäßiger Vertreter der Gesellschaft, wie z. B. der Vorstand, verursacht hat.[4]

Durch die Erläuterungen in § 1 AktG i.V.m. § 31 BGB wird der Eindruck erweckt, dass Vorstand und Aufsichtsrat überhaupt nicht haftungsfähig sind, dieser wird aber von § 117 Abs. 2 AktG relativiert. Hat ein oder haben mehrere Mitglieder des Vorstandes pflichtwidrig gehandelt und so einen Schaden an der Gesellschaft bzw. an den Aktionären verursacht, so ist dieser schadensersatzpflichtig. Es handelt sich hierbei also um eine gesamtschuldnerische Haftung. Gleiches gilt für den Aufsichtsrat. [5]

---

[2] Hadeler, Gabler Wirtschaftslexikon, 2013, S. 195
[3] Vgl. Hüffner Aktiengesetz, 1999, S. 3
[4] Vgl. Köhler, Bürgerliches Gesetzbuch, 2013, S. 9
[5] Vgl. Hüffner Aktiengesetz, 1999, S. 536

1.2. Wer benötigt Aufsichtsrat & Vorstand

Der Aufsichtsrat ist ein obligatorisches Organ, das jede AG vorweisen muss. Ursprünglich war dieses Organ nur den AGs vorbehalten. Durch Gesetzesänderungen, insbesondere jener Gesetze die sich mit einer stärkeren Mitbestimmung von Arbeitnehmern beschäftigen, ist der Aufsichtsrat heute ebenso in anderen Gesellschaftsformen vertreten.[6] Neben der AG muss zudem auch jede Genossenschaft zwingend einen Aufsichtsrat einrichten. Für die GmbH ist ein Aufsichtsrat grundsätzlich nicht verpflichtend, es sei denn die jeweilige GmbH unterliegt den MitbestG gem. § 1 MitbestG i.V.m. § 1 des DrittelbG. In diesem Falle sind die Regelungen des AktGs anzuwenden. Sofern kein zwingender Aufsichtsrat gefordert ist, kann die GmbH dennoch freiwillig einen Aufsichtsrat stellen i.S.d. § 52 GmbHG. Grundsätzlich gelten auch hier die Vorschriften des AktGs. Im Gesellschaftsvertrag der GmbH können Abweichungen vereinbart werden. Sowohl die KG als auch die OHG können aus freien Stücken ebenfalls einen Aufsichtsrat bilden. Ausnahmsweise verpflichtend ist der Aufsichtsrat zudem für die KG, falls diese unter den § 4 MitbestG fällt. Für die KGaA ist ein Aufsichtsrat ebenfalls zwingend nötig.[7]

Wie der Aufsichtsrat ist auch der Vorstand ein obligatorisches Organ einer jeden AG. Neben der AG ist der Vorstand ebenfalls zwingend für jede Genossenschaft. GmbHs benötigen einen Vorstand lediglich wenn sie gem. § 1 MitbestG dazu verpflichtet sind, gleiches gilt für KGs (§ 4 MitbestG).[8] Im Gegensatz zum Aufsichtsrat benötigen KGaAs keinen Vorstand. Dies ist damit gegründet, das der persönlich haftende Gesellschafter die Aufgaben des Vorstandes übernehmen soll.[9]

Es wurde aufgezeigt, dass Vorstand sowie Aufsichtsrat nicht nur bei AGs eine wichtige Rolle spielen. Im Laufe dieser Masterthesis wird dennoch lediglich auf die Haftung von Vorstand und Aufsichtsrat eingegangen, da eine ausführliche Behandlung sonst den Rahmen sprengen würde.

---

[6] Vgl. Peltzer, Haftung von Vorstand, Aufsichtsrat und Wirtschaftsprüfern, 2008, S. 542
[7] Vgl. Klunziger, Grundzüge des gesellschaftsrecht, 2012, S. 208
[8] Vgl. Hadeler, Gabler Wirtschaftslexikon, 2013 S. 32
[9] Vgl. Klunziger, Grundzüge des gesellschaftsrecht, 2012, S. 208

Vorstand und Aufsichtsrat sind zwei der drei Organe einer AG. Das dritte ist die sog. Hauptversammlung. Eine AG benötigt alle drei dieser Organe um handlungsfähig zu sein. Zwar ist die AG als juristische Person eigenständig, jedoch benötigt jede juristische Person verschiedene Organe um handeln zu können. Dabei sind die jeweiligen Organe sowohl verantwortlich für das rechtsgeschäftliche Handeln, das tatsächliche Handeln sowie für das deliktische Handeln. Im Zuge dessen gilt für die AG die Organhaftung gem. § 31 BGB.[10]

Die nachfolgende Grafik verdeutlicht den organischen Aufbau einer typischen AG. Die Hauptversammlung ist i.d.R. das zahlenmäßig größte Organ, da es oft eine Vielzahl an (Klein)Aktionären gibt. Die Hauptversammlung ist dazu da, um Beschlüsse der AG zu fassen wie beispielsweise Aufsichtsratsmitglieder zu wählen. Der Aufsichtsrat ist quantitativ für gewöhnlich deutlich kleiner als die Hauptversammlung jedoch im Normalfall etwas größer als der Vorstand. Der Aufsichtsrat hat den Vorstand zu überwachen und zu bestellen. Der Vorstand ist die Leitung der Gesellschaft und somit die Geschäftsführung. Die Anzahl der Vorstandsmitglieder ist gewöhnlicherweise relativ gering, zumindest im Verhältnis mit den anderen beiden Organen der AG.[11]

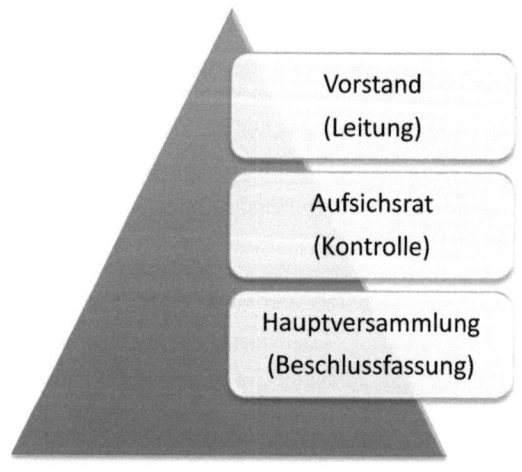

Abbildung 2: Aufbau AG

---

[10] Vgl. Klunziger, Grundzüge des gesellschaftsrecht, 2012, S. 170
[11] Vgl. Klunziger, Grundzüge des gesellschaftsrecht, 2012, S. 171

Auf die Hauptversammlung wird im Verlauf der weiteren Arbeit nur am Rande eingegangen. Im folgenden Kapitel wird beschrieben was der Aufsichtsrat ist, wie er sich zusammensetzt und insbesondere welche Aufgaben er hat. Ein Kapitel später geschieht selbiges mit dem Vorstand.

1.3. Der Aufsichtsrat

Der Aufsichtsrat ist ein gesetzlich vorgeschriebenes Organ einer AG gem. § 30 AktG. Historisch gesehen, war dieser hauptsächlich ein Vertretungsorgan zu Gunsten der Shareholder der Gesellschaft. In den letzten Jahren ist jedoch vermehrt auch für andere Stakeholder, insbesondere Mitarbeitern, zu einer wichtigen Quelle geworden.[12]

1.3.1. Zusammensetzung des Aufsichtsrates

In § 95 AktG ist festgelegt, dass ein Aufsichtsrat aus min. drei Mitgliedern bestehen muss.[13] Mehr Mitglieder sind möglich, jedoch muss man diese Mitgliederzahl durch drei teilen können. So sind z.b. drei oder zwölf Mitglieder legal, acht dürften es von Gesetz wegen aber nicht sein. Die maximale Mitgliederanzahl des Aufsichtsrates bestimmt sich durch die Höhe des Grundkapitals.[14] I.S.d. § 96 AktG setzt sich der Aufsichtsrat je nach Betrieb unterschiedlich zusammen. Für Gesellschaften, welche dem Mitbestimmungsgesetz unterliegen, gilt, dass sich der Aufsichtsrat aus Teilnehmern sowohl von den Aktionären, als auch von den Arbeitgebern zusammenfügt. Unterliegt es dem Montan-Mitbestimmungsrecht müssen neben Aktionären und Arbeitgebern auch noch weitere Mitglieder im Aufsichtsrat vertreten sein. Bei Gesellschaften, für die keine anderen besonderen Gesetze vorgeschrieben sind, darf der Aufsichtsrat aus Mitgliedern von lediglich den Aktionären bestehen.[15]

---

[12] Vgl. Peltzer, Haftung von Vorstand, Aufsichtsrat und Wirtschaftsprüfern, 2008, S. 542
[13] Vgl. Korts, Der Aufsichtsrat, 2008, S .3
[14] Vgl. Klunziger, Grundzüge des gesellschaftsrecht, 2012, S. 171
[15] Vgl. Hüffner Aktiengesetz, 1999, S. 351

Die Hauptversammlung wählt die Aufsichtsratsmitglieder, welche die Aktionäre stellen gem. §§ 101, 119 AktG. Die Mitglieder der Arbeitervertretungsseite werden von der Belegschaft gewählt, z.B. mit einer Urwahl. Theoretisch kann jede natürliche unbeschränkt geschäftsfähige Person Aufsichtsratsmitglied werden. Ausnahmen bestehen bei folgenden Konstellationen. Eine Person kann nicht gleichzeitig im Aufsichtsrat sowie im Vorstand sein, hier herrscht eine Inkompatibilität. Da der Aufsichtsrat, wie bereits erwähnt, den Vorstand u.a. kontrolliert, würde sich dieser doppelte Mandatsträger so theoretisch selber überwachen müssen. Dies würde dem System zuwiderlaufen. Weiterhin darf ein potenzielles Aufsichtsratsmitglied nicht der gesetzliche Vertreter eines anderen, abhängigen Unternehmens sein, da es auch hier zu Komplikationen kommen könnte. Zudem ist es verboten, wenn er gesetzlicher Vertreter einer anderen Kapitalgesellschaft ist, sofern der Aufsichtsrat dieser anderen Kapitalgesellschaft ein Vorstandsmitglied aus der eigenen Gesellschaft ist. Diese Regelungen sind getroffen worden, um mögliche Interessenskonflikte von vornherein auszuschließen.[16] Ebenfalls von der Tätigkeit eines Aufsichtsrates ausgeschlossen sind Personen, die bereits mehr als zehn Aufsichtsratsmandate innehaben. Hierbei zählen jedoch nur Aufsichtsratstätigkeiten von Handelsgesellschaften, somit keine Amtszeiten beim örtlichen Fußballverein o.ä. Aufsichtsratsvorsitze werden doppelt gewertet. Diese Maßnahme wurde festgelegt, um das Amt des Vorsitzenden hervorzuheben, seine besondere Stellung zu zeigen, sowie die Effizienz der Arbeit des Aufsichtsrates zu erhöhen. Geregelt sind diese Anforderungen an ein Mitglied des Aufsichtsrates in § 100 AktG.[17] § 102 AktG regelt die Amtszeit der Aufsichtsräte, welche maximal vier Jahre betragen darf.[18] Sofern das Aufsichtsratsmitglied keine Tätigkeit als Vorsitzender begleitet, kann dieser also max. 40 Jahre als Aufsichtsrat aktiv sein.

---

[16] Vgl. Klunziger, Grundzüge des gesellschaftsrecht, 2012, S. 177
[17] Vgl. Hüffner Aktiengesetz, 1999, S.470
[18] Vgl. Klunziger, Grundzüge des gesellschaftsrecht, 2012, S. 177 f.

1.3.2.   Aufgaben des Aufsichtsrates

Welche Pflichten dem Aufsichtsrat zukommen hat der Gesetzgeber geregelt. Diese Aufgabe können auch von der Satzung nicht beschnitten werden. Bei der Verrichtung seiner Aufgaben ist das jeweilige Aufsichtsratsmitglied nicht weisungsgebunden.[19]

Der Aufgabenbereich des Aufsichtsrates ist durchaus vielfältig. Zum einem bestellt er gem. § 84 AktG den Vorstand und ist ebenso für die Abberufung des Vorstandes zuständig. Die Festsetzung einer angemessenen Vorstandsvergütung gehört weiterhin zum Tätigkeitsfeld. Dem Aufsichtsrat obliegt es, den Jahresabschluss inklusive des Lageberichtes zu prüfen, sowie einen Vorschlag über die Verwendung des Bilanzgewinnes abzugeben, geregelt durch § 171 AktG. I.S.d. § 172 AktG muss der Aufsichtsrat zudem den Jahresabschluss feststellen. Ist das Wohle der Gesellschaft gefährdet, so kann der Aufsichtsrat zudem eine Hauptversammlung einberufen, gem. § 111 AktG. Eine weitere Funktion des Aufsichtsrates ist laut § 112 AktG, dass der Aufsichtsrat die Gesellschaft gegenüber den Mitgliedern des Vorstandes zu vertreten hat. Die wichtigste Aufgabe des Aufsichtsrates ist es die Geschäftsführung zu überwachen und zu überprüfen, dies ist in § 111 AktG dargelegt. Zu diesem Zwecke ist es dem Aufsichtsrat gestattet, Bücher, Akten und andere Unterlagen der Gesellschaft einzusehen und zu examinieren. Historisch gesehen nicht Aufgabe des Aufsichtsrates ist hingegen die Geschäftsführung, diese kann ihm auch nicht übertragen werden, gem. § 111 Abs. 4.[20] Neben der reinen Überwachung des Vorstandes, hat der Aufsichtsrat diesen jedoch auch zu beraten und wird so in der Praxis doch immer mehr in die Geschäftsführung involviert.[21]

Der Aufsichtsrat hat bei der Verrichtung seiner ihn an betrauten Aufgaben dafür Sorge zu tragen, dass diese mit Gewissenhaftigkeit ausgeführt werden, dies ist niedergeschrieben in § 116 AktG i.V.m. § 93 AktG. Widerrechtliches

---

[19] Vgl. Korts, Der Aufsichtsrat, 2008, S.3
[20] Vgl. Klunziger, Grundzüge des gesellschaftsrecht, 2012, S. 178
[21] Vgl. Peltzer, Haftung von Vorstand, Aufsichtsrat und Wirtschaftsprüfern, 2008, S. 540

Verhalten eines Mitgliedes des Aufsichtsrates kann Schadensersatzansprüche auslösen.[22]

1.4.   Der Vorstand

Als Vorstand bezeichnet man das leitende Organ einer AG. Es ist das Organ,
durch das die Gesellschaft nach außen hin handeln kann. Bereits wenn sich
die AG noch in der Gründungsphase befindet, also eine sog. Vor-AG ist, besitzt das Unternehmen einen Vorstand. Sofern es noch keinen Vorstand gibt,
dürfen die anderen Organe bzw. andere Personen nicht an seiner Stelle
handeln.

1.4.1.   Zusammensetzung des Vorstandes

Der Vorstand kann aus einer Person oder mehreren Personen bestehen
gem. § 76 Abs. 2 AktG.[23] Die Anzahl der Vorstandsmitglieder muss durch die
Satzung bestimmt werden. In der Praxis hat es sich bewährt, bei großen Unternehmen den Vorstand nach den jeweiligen Aufgabenbereichen zu glie-
dern, so ist für die Finanzen z.B. der Finanzvorstand thematisch verantwortlich.[24] Besteht das Vorstandsgremium aus mehreren, so ist der Aufsichtsrat
berechtigt, einen Vorstandvorsitzenden zu benennen. Gem. MitbestG ist zudem ein sog. Arbeitsdirektor als gleichberechtigtes Mitglied zu bestellen.[25]
Die Vorstandsmitglieder werden vom Aufsichtsrat bestellt. Dazu bedarf es
einer Beschlussfassung. Ein Vorstandsmitglied darf i.S.d. § 84 AktG max. für
die Dauer von fünf Jahren bestellt werden. Die Amtszeit kann um weitere fünf
Jahre verlängert werden, durch erneuten Beschluss des Aufsichtsrates frü-

---

[22] Vgl. Hüffner Aktiengesetz, 1999, S.532
[23] Vgl. Hüffner Aktiengesetz, 1999, S.351
[24] Vgl. Klunziger, Grundzüge des gesellschaftsrecht, 2012, S. 172
[25] Vgl. Hadeler, Gabler Wirtschaftslexikon, 2013 S. 474

hestens ein Jahr vor Ablauf der Amtszeit.[26] Ein Vorstandsmitglied kann also nicht länger als zehn Jahre das Amt begleiten.

1.4.2. Aufgaben des Vorstandes

Die Aufgabe des Vorstandes ist es die Gesellschaft zu leiten, § 76 Abs. 1 AktG. Die Geschäftsführung des Unternehmens umfasst die eigenverantwortliche Leitung sowie die unbeschränkte Vertretung der Gesellschaft nach außen hin. Im Innenverhältnis hingegen herrscht bei mehreren Vorstandsmitgliedern die dispositive Geschäftsführung, also alle Vorstände entscheiden gemeinschaftlich. Dieser Grundsatz kann jedoch in der Satzung der AG revidiert werden. Nicht rechtlich möglich ist hingegen zu vereinbaren, dass eine Minderheit im Vorstand sich gegen die Mehrheit durchsetzen kann.[27] Dies ist auch dann nicht möglich, wenn der Vorstand des jeweiligen Bereiches eine Entscheidung für seinen Bereich treffen möchte, aber die anderen Vorstände mehrheitlich dagegen sind.[28] Möchte beispielsweise der Finanzvorstand ein Geschäft tätigen welches in sein Themengebiet fällt, braucht er dennoch die Zustimmung des gesamten Plenums. Der Vorstand hat eine Berichts- und Mitteilungspflicht insbesondere dem Aufsichtsrat aber auch der Hauptversammlung und ggf. anderen Dritten gegenüber. Er ist ferner dazu verpflichtet, die Handelsbücher der Gesellschaft zu führen sowie auch die Unterlagen und Dokumente der AG aufzubewahren. Darüber hinaus soll der Vorstand das Fortbestehen der Gesellschaft sicherstellen und ist dazu verpflichtet, Risikomanagement zu betreiben. Im Falle einer Krise des Unternehmens muss der Vorstand seine Pflichten noch akribischer wahrnehmen. Außerdem hat er die Aufgabe einen Insolvenzantrag zu stellen, sofern dies notwendig ist.[29]

Bei der Begleitung seiner Aufgaben obliegt den Vorstand(smitgliedern) gem. § 93 AktG eine Sorgfaltspflicht, welche gleichzusetzen ist mit der des Auf-

---

[26] Vgl. Hüffner Aktiengesetz, 1999, S.385
[27] Vgl. Klunziger, Grundzüge des gesellschaftsrecht, 2012, S. 174
[28] Vgl. Klunziger, Grundzüge des gesellschaftsrecht, 2012, S. 175
[29] Vgl. van Kann, Vorstand der AG, 2005, S. 74

sichtsrates. Sie sind also von Gesetz wegen dazu verpflichtet, sorgfältig und gewissenhaft mit allen ihnen betrauten Aufgaben umzugehen. Verletzen sie die ihnen aufgetragene Pflicht, so machen sie sich haftbar. [30]

1.5. Verhältnis Aufsichtsrat & Vorstand

Im Gegensatz zum monistischen Modell wie es z.b. in den angelsächsischen Ländern angewandt wird, ist in Deutschland das dualistische Modell zwingend gesetzlich vorgeschrieben.[31] Dies bedeutet, dass bei deutschen AGs die Leitung der Gesellschaft von einem Part übernommen wird, namentlich dem Vorstand. Der andere Part, welchen der Aufsichtsrat begleitet, hat grundsätzlich mit der Leitung nichts zu tun. Der Aufsichtsrat ist jedoch dafür da, die Entscheidungen des Vorstandes zu überwachen und zu überprüfen. Somit ist der Vorstand also dem Aufsichtsrat Rechenschaft schuldig. Im Gegenzug ist der Aufsichtsrat, wie bereits erwähnt, verpflichtet, den Vorstand sorgfältig zu überwachen. Die Überwachung begründet demnach den Hauptteil des Verhältnisses zwischen den beiden Organen. Die Kontrolle durch die Zweigliedrigkeit soll die Effizienz und Effektivität steigern sowie evtl. Korruption verhindern bzw. erschweren.

Es wurde bereits erwähnt, dass der Vorstand und zwar nur der Vorstand, nicht der Aufsichtsrat, zur Geschäftsführung befugt ist. Ausnahmen bilden einige wenige Arten von Geschäften, welche das Einverständnis des Aufsichtsrat benötigen gem. § 111 Abs. 4 Sa. 2 AktG.[32]

In den letzten Jahren hat sich das Verhältnis zwischen dem Aufsichtsrat und dem Vorstand verändert. Maßgeblich daran beteiligt waren die Entscheidungen des BHBs. Lange Zeit wurde der Aufsichtsrat eher belächelt bzw. als unnötig angesehen, dies wurde zum Teil sehr offen kommuniziert.[33] So äußerte sich der Bankier Hermann Josef Abs beispielsweise folgendermaßen:

---

[30] Vgl. Klunziger, Grundzüge des gesellschaftsrecht, 2012, S. 175
[31] Vgl. Klunziger, Grundzüge des gesellschaftsrecht, 2012, S. 351
[32] Vgl. van Kann, Vorstand der AG, 2005, S. 60
[33] Vgl. Hofmann, Handbuch Anti-Fraud-Management, Jahr, S. 493 f.

„Die Hundehütte ist für den Hund, der Aufsichtsrat für die Katz".[34] In früheren Zeiten ließ der Aufsichtsrat zudem den Vorstand mehr oder minder gewähren und hatte wenig mit dem Geschäft des Unternehmens zu tun. Mittlerweile hat sich der Aufsichtsrat jedoch stark professionalisiert. Seine Überwachung ist umfassender geworden.[35] Dies hat im Umkehrschluss natürlich selbstredend Einfluss auf den Vorstand. Je nach eigenen Kenntnisstand, Berufserfahrung ect. kann dies der Vorstand der Gesellschaft sowohl als positiv als auch als negativ für das Verhältnis empfinden. Ein eher jüngerer unerfahrener Vorstand ist vielleicht eher froh über mehr Leitung und Feedback von Seiten des Aufsichtsrates, ein anderer fühlt sich evtl. eher gestört in seiner Arbeit oder sogar bevormundet.

Aufsichtsrat und Vorstand nehmen also beide jeweils eigene Aufgaben wahr, arbeiten aber dennoch zum Wohle der Gesellschaft miteinander.

---

[34] Gall, Der Bankier Hermann Josef Abs, 2006, S. 330
[35] Vgl. Hofmann, Handbuch Anti-Fraud-Management, Jahr, S. 493 f.

2. Haftung gegenüber dem Unternehmen (Innenverhältnis)

Dieses Kapitel widmet sich nun der Frage, was bzw. welches Verhalten Haftungsansprüche des Unternehmens gegenüber seinen Mitgliedern aus dem Aufsichtsrat bzw. aus dem Vorstand auslöst. In diesem Part geht es also lediglich um die Haftung im Innenverhältnis. Zunächst wird der Aufsichtsrat betrachtet. Es werden die verschiedenen möglichen Verfehlungen, die Schadensersatzansprüche auslösen können, erläutert. Es wird erklärt, welche Voraussetzungen erfüllt sein müssen um einen Haftungsanspruch gegen den Aufsichtsrat zu haben. Die verschiedenen Pflichten werden dargelegt und es wird darauf eingegangen, wie eine Verletzung der Pflichten Schadensersatzanspruch auslösen kann. Besonderes Augenmerk liegt dabei auf der Überwachungsfunktion. Dies geschieht anhand von Literatur aber ebenso von aktueller Rechtsprechung. Im zweiten Teil dieses Kapitels werden dann die Haftungsrisiken vom Vorstand dargelegt. Dabei folgt es demselben schematischen Aufbau wie der erste Part, jedoch selbstredend mit denjenigen Pflichtverstoßen, die den Vorstand betreffen. Im Anschluss wird auf die Verjährung der Ansprüche eingegangen. Den Schluss des Kapitels bildet ein Zwischenfazit.

2.1. Voraussetzungen für die Haftung des Aufsichtsrates

Die nachfolgende Abbildung zeigt das Prüfungsschema auf, welches erfüllt sein muss, damit man den Aufsichtsrat bzw. einen Mandatsträger davon zur Haftung verpflichten kann. Nachfolgend werden die verschiedenen Voraussetzungen erläutert.

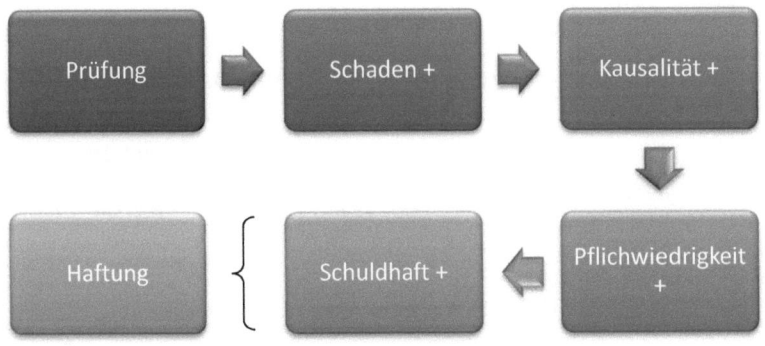

Abbildung 3: Stufen der Prüfung

2.1.1. Schaden an der Gesellschaft

Die Voraussetzung dafür, dass der Vorstand für einen Schaden, den die Gesellschaft erlitten hat, haftbar gemacht werden kann ist, dass überhaupt ein Schaden erstanden ist.[36] Das Unternehmen muss also beispielsweise durch den Aufsichtsrat eine finanzielle Schädigung oder einen anderen Nachteil erlitten haben. Die Möglichkeit, dass durch die Handlung des Aufsichtsrates ein Schaden an der Gesellschaft hätte eintreten können, reicht nicht aus.

2.1.2. Ursächlichkeit der Handlung

Neben der Tatsache, dass ein Schaden an der Gesellschaft eingetreten sein muss, muss sein Verhalten für den eingetretenen Schaden ursächlich sein. In zivilrechtlichen Fällen, wie es hier der Fall ist, gilt die sog. Adäquanztheorie. Diese besagt im Grundsatz, dass der Schadensverursacher, in diesem Fall der Aufsichtsrat, nur dann für den Schaden verantwortlich ist, wenn das Handeln unter gewöhnlichen Umständen, nicht unter besonderen, zum

---

[36] Vgl. Peltzer, Haftung von Vorstand, Aufsichtsrat und Wirtschaftsprüfern, 2008, S. 538

Schaden führt. Dieser Grundsatz gilt sowohl für aktives Handeln als auch für passives Unterlassen einer Handlung.[37] Um zu ermitteln, ob es sich der Aufsichtsrat bzw. ein Mitglied davon, schadensersatzpflichtig gemacht hat, muss also zunächst geprüft werden, ob die Adäquanztheorie vorliegt. Ist dies nicht der Fall, so kann der Aufsichtsrat auch nicht zur Verantwortung gezogen werden. Ist die Prüfung jedoch positiv ausgefallen, so bedeutet das im Umkehrschluss nicht zwingend, dass damit der Aufsichtsrat schuldig ist.

2.1.3. Pflichtwidrigkeit des Handelns

Der nächste Schritt bei der Untersuchung, der in der Praxis zumeist den schwierigen Part darstellt, ist zu prüfen, ob das Verhalten des Aufsichtsrates pflichtwidrig war. Es ist hierbei insbesondere zu beachten, dass man die Pflichtwidrigkeit im Zivilrecht nicht einfach mit der Tatbestandsmäßigkeit im Strafrecht vergleichen kann. Es gibt selbstverständlich gewisse Gleichartigkeiten zwischen den beiden, jedoch ebenso einen entscheidenden Unterschied. Beim Strafrecht gibt es festgelegte Tatbestände, die bekannt sind und nur wenn ein solcher Tatbestand verletzt wird, kann es zu rechtlichen Schritten kommen. Bei pflichtwidrigem Verhalten ist es komplizierter, da hier je nach Einzelfall geprüft werden muss, wo die Ursache für den entstandenen Schaden liegt. Weiterhin gilt es zu prüfen, ob das Handeln des Aufsichtsrates, sofern es pflichtwidrig war, auch schuldhaft war.[38]

2.1.4. Schuldhaftigkeit

Das Verhalten der Angeklagten im sog. Mannesmann Prozess war beispielsweise durchaus pflichtwidrig, aber nach Meinung des LG Düsseldorfs nicht schuldhaft. [39] In diesem Verfahren ging es um Prämienzahlungen, die im Zusammenhang mit der Übernahme der Mannesmann AG durch die Vo-

---

[37]Vgl. Peltzer, Haftung von Vorstand, Aufsichtsrat und Wirtschaftsprüfern, 2008, S. 538
[38] Peltzer, Haftung von Vorstand, Aufsichtsrat und Wirtschaftsprüfern, 2008, S. 539
[39] Peltzer, Haftung von Vorstand, Aufsichtsrat und Wirtschaftsprüfern, 2008, S. 539

dafone AG geflossen sind. Diese Prämien boten der Mannesmann AG keinerlei Vorteile, da die Übernahme zu diesem Zeitpunkt bereits beschlossen
war. Somit haben die Angeklagten aktienrechtlich durchaus pflichtwidrig gehandelt und im Zuge dessen ihre Vermögensbetreuungspflicht gegenüber
der Mannesmann AG nicht wahrgenommen. Ihre unstreitig noch zu erbrin-
gende Leistung wäre bereits durch ihre gewöhnliche Vergütung abgedeckt
gewesen. Die Argumentation der Angeklagten, dass sie davon ausgingen
diese Entscheidung über Prämien (für sie selber) stünde ihnen gem. ihren
unternehmerischen Ermessensspielraum zu, funktioniert demzufolge nicht.
Trotzt der eindeutigen Pflichtverletzung wurden die Angeklagten gegen eine
Geldauflage freigesprochen. Im Urteil wird dies damit begründet, dass es
sich nicht um eine schwerwiegende Pflichtverletzung handelte, welche aber
die Voraussetzung bei derart risikoreichen unternehmerischen Entscheidungen darstellt.[40]

2.1.5. Gesamtschuldnerische Haftung

In Kapitel 1.1 wurde bereits angesprochen, dass eine gesamtschuldnerische
Haftung gilt, jedoch ist eine gewisse Differenzierung von Schuld je nach
Fachbereich von Nöten. Der Finanzvorstand muss beispielsweise tiefere
Kenntnisse im Finanzbereich besitzen als der HR-Vorstand. Diese Differenzierung nimmt immer weiter zu, je spezieller der einzelne Fall und je mehr
Fachwissen in diesem Bereich benötigt worden wäre, um die potenzielle Gefahr wahrzunehmen. Dies kann jedoch keinesfalls als pauschale Ausrede
dienen. Ein gewisses, jedoch nicht genau definiertes, Maß an Kenntnissen
muss jeder Aufsichtsratmandatsträger mitbringen bzw. sich aneignen. Un-
terlässt er dies, kann er seine Unwissenheit nicht nutzen, um der Haftung zu
entgehen.[41] Auch hier gilt Unwissenheit schützt vor Strafe nicht.

---

[40] Vgl. BGH, StR 470/04, 2001
[41] Vgl. Thümmel, Aufsichtsräte in der Pflicht, 1999, S. 886 f.

2.1.6. Umgekehrte Beweislast

Eine besondere Abweichung vom „normalen" Zivilprozessrecht ist, dass sich die Beweislast umkehrt gem. § 93 Abs. 2 AktG. Dies bedeutet, sie müssen beweisen, dass sie ihre Sorgfaltspflicht nicht verletzt haben, anstatt dass ihnen bewiesen werden muss, dass sie selbige verletzt haben.[42] Diese Konstellation hat besondere Brisanz unter Berücksichtigung der Tatsache, dass im Zweifelsfall die Entscheidung zu Lasten der Partei geht, welche die Beweislast trägt. Im deutschen Recht herrscht ein sog. Justizgewährungsanspruch, d.h. ein Richter muss jede Klage entscheiden, auch bei Zweifeln an einer bzw. an beiden Seiten der Darstellung des Sachverhalts.[43] In diesem Fall würde der Aufsichtsrat vor Gericht schuldig gesprochen werden, wenn er seine Unschuld nicht zweifelsfrei beweisen kann, auch wenn der Richter unsicher ist, ob er tatsächlich schuldig ist.

Diese Konstellation kann bei den Aufsichtsräten leicht für Verwirrung bzw. Unsicherheit sorgen. Für die Richter oder andere Dritte die evtl. entscheiden müssen, ob eine Pflicht verletzt wurde oder nicht, ist dies ebenfalls eine heikle Angelegenheit. Orientierung findet man jedoch im Gesetz, der Fachliteratur sowie den einschlägigen Urteilen. Diese verschiedenen Sichtweisen sind es jedoch auch, die dieses Thema so interessant machen.

2.2. Folgen der Verletzung ausdrücklicher Pflichten

Die Pflichten des Aufsichtsrates sind vielfältig. Sie werden in den nachfolgenden Kapiteln 2.2.1 bis 2.2.6 ausgearbeitet. Es ist zudem je nach Einzelfall zu behandeln, ob hier eine Pflicht verletzt wurde. Als wichtigste Quelle um festzustellen, welche Pflichten ein Aufsichtsrat hat, gegen diese er ggf. verstoßen könnte, gilt nach wie vor das Gesetz. Im AktG sind die grundsätzlichen Pflichten geregelt, jedoch kann man diese Regelungen durchaus eher

---

[42] Vgl. Hüffner Aktiengesetz, 1999, S.433
[43] Vgl. Peltzer, Haftung von Vorstand, Aufsichtsrat und Wirtschaftsprüfern, 2008, S. 541 f.

als unterentwickelt bezeichnen. Ergänzt wird es durch die Rechtsprechung sowie die Wissenschaft. Allein das Befolgen dessen, was im Gesetzbuch niedergeschrieben ist, garantiert jedoch noch nicht, dass keine Pflichtverletzung begangen wird, da es möglich ist, dass die Pflichten des einzelnen Aufsichtsrates darüber hinausgehen.

2.2.1. Sorgfaltspflicht

Bei allen Pflichten des Aufsichtsrates hat er sich an einen gewissen Sorgfaltsmaßstab zu halten, sofern er sich nicht dem Vorwurf aussetzen möchte, fahrlässig schuldhaft gehandelt zu haben. Grundsätzlich gibt es bei allen Rechts- bzw. Vertragsbeziehungen eine gewisse Sorgfaltspflicht.[44] Gem. § 276 BGB ist ein Verhalten fahrlässig wenn nicht gewöhnliche erforderliche Sorgfalt angewandt wird.[45] Ein Beispiel für Fahrlässigkeit ist, man leiht ein Buch aus der Bibliothek aus und fasst es dann mit schmutzigen/klebrigen Fingern an, so dass das Buch beschädigt wird. Selbstverständlich muss bei einem Aufsichtsrat jedoch ein höherer Gradmesser angesetzt werden als dies bei „normalen" zivilrechtlichen Angelegenheiten der Fall sein kann. Als Richtwert wird deshalb ein mit Sorgfalt handelnder Aufsichtsrat in einer analogen Situation genommen. Es ist dabei auf eine typisierende Vergleichsbetrachtung zu achten.[46] Der Aufsichtsrat muss die gleiche Sorgfalt walten lassen, welche man von einem gewissenhaften und ordentlichen Geschäftsführer erwarten kann.[47]

2.2.2. Verschwiegenheitspflicht

Grundsätzlich ist jeder Aufsichtsrat zur Verschwiegenheit verpflichtet gem. § 93 AktG. Es ist ihm also nicht gestattet, Betriebsinternes an andere Personen weiterzugeben. Eine Ausnahme ist i.S.d. § 342 HGB nur bei der Überwa-

---

[44] Vgl. Peltzer, Haftung von Vorstand, Aufsichtsrat und Wirtschaftsprüfern, 2008, S. 562
[45] Vgl. Köhler, Bürgerliches Gesetzbuch, 2013, S. 52
[46] Vgl. Peltzer, Haftung von Vorstand, Aufsichtsrat und Wirtschaftsprüfern, 2008, S. 562
[47] Vgl. Schmidt, Gesellschaftsrecht, 1991, S. 693

chungsstelle für Rechnungswesen zu machen. In der Vergangenheit kam es des Öfteren zu hohen Schadensersatzforderungen aufgrund von Verstößen gegen die Verschwiegenheitspflicht.[48]

2.2.3. Verletzung der Überwachungspflicht

In diesem Kapitel wird nun die außerordentlich wichtige Pflicht des Aufsichtsrates zur Überwachung der Geschäfte des Vorstandes behandelt. Zu diesem Zweck werden zunächst die Maßstäbe, an diese sich zu halten sind, definiert. Anschließend wird dargestellt, wie die Versorgung des Aufsichtsrates mit relevanten Informationen vonstattengeht. Schließlich wird behandelt, welcher unternehmerische Ermessensspielraum dem Aufsichtsrat zugebilligt werden kann und soll.

Die Überwachungspflicht ist traditionell eine der Hauptaufgaben des Aufsichtsrates. In den letzten Jahren und Jahrzehnten wurde der Aufgabenbereich zwar erweitert, dennoch ist der Kontrollfunktion eine besondere Bedeutung zuzumessen. Es ist hervorzuheben, dass die Überwachungspflicht des Aufsichtsrates sich nach herrschender Meinung nur auf den Vorstand beschränkt. Es ist hingegen nicht die Aufgabe des Aufsichtsrates andere Mitarbeiter, ob diese Leitungsaufgaben innehaben oder nicht, zu überwachen. Für die Prüfung der Mitarbeiter ist die Geschäftsleitung, also der Vorstand verantwortlich.[49]

2.2.3.1. Corporate Governance

Im Verlauf der letzten Jahre wurde im Zusammenhang mit guter Überwachung des Unternehmens immer öfters der Begriff Corporate Governance verwendet. Der aus dem anglo-amerikanischen Bereich stammende Ausdruck Corporate Governance kann im Deutschen sinngemäß in etwa mit Un-

---

[48] Vgl. Peltzer, Haftung von Vorstand, Aufsichtsrat und Wirtschaftsprüfern, 2008, S. 563
[49] Vgl. Beckmann, Die Informationsversorgung von Mitgliedern des Aufsichtsrates, 2009, S.24

ternehmenskontrolle übersetzt werden. Die deutsche Übersetzung geht jedoch nicht ganz konform mit dem, was der englische Begriff Corporate Governance ausdrückt. Das Aufgabengebiet der Corporate Governacne ist vielfältiger als eine reine Überwachungsfunktion.[50] Für das Thema dieser Arbeit sind jedoch die weiterführenden Aufgaben nicht relevant.

Im deutschen Rechtsraum wurde 2001 die Regierungskommission Deutscher Corporate Governance Kodex gebildet. Diese gibt seither, in regelmäßigen Abständen, Richtlinien und Empfehlungen heraus. Diese sollen den Organen der Gesellschaft als Orientierung dienen. Unter anderem soll dieser Kodex ein Werkzeug sein, mit welchem der Aufsichtsrat seine Überwachungsfunktion besser wahrnehmen kann.[51] In Deutschland ist die Unternehmensüberwachung stark im inneren des Unternehmens angesiedelt und hauptsächlich durch den Aufsichtsrat wahrgenommen. Dies ist bedingt durch das dualistische System, siehe Kapitel 1.5. In den letzten Jahren kamen in Form von gesetzlichen Regelungen jedoch vermehrt externe Kontrollfunktionen hinzu.[52]

Unabhängig von den Regelungen der Corporate Governance besteht im deutschen AktG ohnehin nach § 111 AktG die Pflicht des Aufsichtsrates den Vorstand zu überwachen.[53] Der DGCK ist sowieso auf dem Aktienrecht gefußt, bietet aber Leitlinien an und durch das Bekenntnis zum DGCK signalisiert die Gesellschaft nach außen hin dass sie sich an eine ordentliche Geschäftsführung und Kontrolle hält.

---

[50] Vgl. Spielmann, Internationale Corporate Governance, 2012, S. 33
[51] Vgl. Cromme, Ausführungen, 2001
[52] Vgl. Vgl. Eibelshäuser, Unternehmensüberwachung als Element der Corporate Governance, 2010 S. 10 f.
[53] Vgl. Hüffner, Aktiengesetz, 1999 S. 514

2.2.3.2. Maßstäbe für die Haftung

Die einschlägige Literatur geht davon aus, dass die Aufsichtsräte in ihrem Verhalten folgende vier Maßstäbe in Bezug auf die Überwachung sowie Beratung der Geschäftsführung beachten sollten:[54]

1) **Rechtmäßigkeit**

Der Aufsichtsrat ist dafür verantwortlich sicherzustellen, dass alle Geschäfte die der Vorstand tätigt, rechtmäßig sind. Sie dürfen also weder gegen bestehende Gesetze noch gegen die eigene Satzung oder gegen andere essentielle Normen verstoßen. Verstößt der Vorstand dagegen, ist es die Aufgabe des Aufsichtsrates dafür zu sorgen, dass dieser wieder regelkonforme Geschäfte tätigt. Abhängig von der Schwere des Vergehens entscheidet der Aufsichtsrat über die angemessenen Konsequenzen, z.B. eine Abmahnung. Der Aufsichtsrat muss jedem Verdacht auf einen Verstoß nachgehen, um sich nicht selber haftbar zu machen, siehe Fallbeispiel Balsam/Procedo im Kapitel 2.2.3.5. Sollte der Vorstand die Weisungen des Aufsichtsrates bezgl. der Unterlassung unrechtmäßiger Geschäfte ignorieren, so ist dieser verpflichtet, den Regelverstoß, zum Wohle der Gesellschaft, zur Anzeige zu bringen.

2) **Ordnungsmäßigkeit**

Der Aufsichtsrat hat die Pflicht sicher zu stellen, dass der Vorstand sich beim Nachgehen seiner Geschäfte an den betriebswirtschaftlich angemessenen Maßstab, unter Einbeziehung der Besonderheiten des jeweiligen Unternehmens, hält. Insbesondere ist hierbei Wert auf die Einhaltung der Sorgfalts- und Verfahrensregeln zu legen, z.B. beim Rechnung- und Berichtswesen oder das eine kurz- und mittelfristige Planung für das Unternehmen aufgestellt wird. Langfristige Planung ist nur bei Großunternehmen erforderlich.

---

[54] Vgl. Beckmann, Die Informationsversorgung von Mitgliedern des Aufsichtsrates, 2009, S. 20

3) Wirtschaftlichkeit

Dem Aufsichtsrat obliegt die Kontrolle darüber, dass der Vorstand seine Geschäfte so tätigt, dass diese dem Unternehmen den größten ökonomischen Nutzen bringen.

4) Zweckmäßigkeit

Es obliegt dem Aufsichtsrat in seiner Funktion darüber zu wachen, dass der Vorstand seine Aufgaben mit möglichst hoher Effektivität erledigt. Geeignete Maßnahmen zum Schutz und zur Weiterentwicklung der AG sollen so sichergestellt werden.[55]

Die nachfolgende Abbildung zeigt, dass eine angemessene Überwachungspflicht des Aufsichtsrates gegeben ist, wenn diese alle der vier zuvor erläuterten Kriterien Rechtsmäßigkeit, Ordnungsmäßigkeit, Wirtschaftlichkeit und Zweckmäßigkeit erfüllt. Zudem verdeutlicht die Grafik, dass sich die Merkmale nicht messerscharf voneinander abtrennen lassen, sondern eine gewisse Überschneidung aufweisen wie es z. B. bei der Zweckmäßigkeit und Wirtschaftlichkeit der Fall ist. Das Geschäft hat einen Zweck für das Unternehmen, da es einen hohen wirtschaftlichen Nutzen bietet.

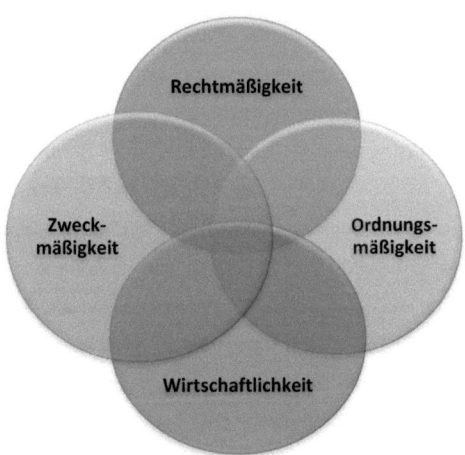

Abbildung 4:Überwachungspflicht

---

[55] Vgl. Beckmann, Die Informationsversorgung von Mitgliedern des Aufsichtsrates, 2009, S.20 f.

2.2.3.3. Informationsbeschaffung des Aufsichtsrates

Damit der Aufsichtsrat jedoch überhaupt seine Überwachungsfunktion wahrnehmen kann, muss dieser über die notwendigen Informationen verfügen. Ohne dies ist es unmöglich Entscheidungen zu treffen, ob der Vorstand die Gesellschaft zum besten Wohl des Unternehmens führt oder nicht. Daraus folgt, dass die Qualität der Informationen und die Qualität der Überwachungsfunktion stark miteinander korrelieren. Gem. Petzer ist der Aufsichtsrat der Informationsgläubiger, während der Vorstand der Informationsschuldner ist. Somit wären relevante Informationen eine Bringschuld des Vorstandes und keine Holschuld des Aufsichtsrates. In der Theorie müsste der Vorstand also jegliche wichtige Auskünfte an den Vorstand weiterleiten, ohne Rücksicht darauf, welche Auswirkungen negative Nachrichten evtl. auf die eigene Position haben könnten, da der Aufsichtsrat wiederum gezwungen ist, möglicherweise Konsequenzen zu ziehen.[56] Da es nur allzu menschlich ist, Negatives zu umgehen, haben sich zwei Strategien herauskristallisiert um die Informationsversorgung des Aufsichtsrates zu sabotieren. Zum einem können Informationen selbstredend einfach verschwiegen werden. Zum anderen kann man sich aber auch das genaue Gegenteil zu nutzen machen. Statt nur die relevanten Informationen zu liefern wird der Aufsichtsrat geradezu überflutet mit Neuigkeiten, insbesondere Zahlen und Statistiken, welche vermehrt zu Verwirrung anstatt Klarheit führen. [57] Schmidt ist ebenso der Auffassung, dass es grundsätzlich die Aufgabe des Vorstandes, ist den Aufsichtsrat mit aussagekräftigen Berichten zu versorgen, welche dieser dann verwenden muss um seiner Kontrollpflicht nachzukommen. Er schränkt es jedoch insofern ein, das der Aufsichtsrat selbst aktiv wird wenn Auffälligkeiten oder Unvollständigkeit in den Berichten zu erkennen sind. In diesem Fall kann er sich nicht auf die Bringschuld des Vorstandes berufen, sondern muss selbst Recherchen anstellen.[58] Der Aufsichtsrat kann also im Schadensfalle nicht ohne weiteres die alleine Verantwortung dem Vorstand aufbürden, mit der Begründung er habe von all dem nichts gewusst. Vielmehr ist es die Pflicht des Aufsichtsrates ein effektives Informationssystem aufzubau-

---

[56] Vgl. Peltzer, Haftung von Vorstand, Aufsichtsrat und Wirtschaftsprüfern, 2008, S. 545 f.
[57] Vgl. Beckmann, Die Informationsversorgung von Mitgliedern des Aufsichtsrates, 2009, S.95
[58] Vgl. Schmidt, Gesellschaftsrecht, 1991, S. 693

en und den Vorstand darin einzubinden. Eine gute Informationsversorgung ist eine gemeinsame Aufgabe beider Organe.[59] Selbiges vertritt auch der DCGK, der in Abs. 3.4 zwar darlegte, dass der Vorstand den Aufsichtsrat zu informieren hat aber ebenso deutlich darauf hinwies, dass eine angemessen Informationsversorgung als Pflicht beider Organe anzusehen ist. In dieser Obliegenheit sollen beide zusammenarbeiten.[60] Dadurch, dass dem Aufsichtsrat zumindest teilweise die Verantwortung für die richtige Informationsversorgung obliegt, kann er sich, wie bereits erwähnt, nicht auf die Bringschuld des Vorstandes verlassen. Andererseits ist aber ganz klar festzuhalten, dass nicht die gesamte Verpflichtung beim Aufsichtsrat liegt. Es ist mindestens ebenso sehr die Aufgabe des Vorstandes den Aufsichtsrat in angemessener Art und Weise mit relevanten Informationen zu versorgen.[61] Dennoch sollte der Vorstand nicht die einzige Informationsquelle des Aufsichtsrates sein. Es empfiehlt sich, wenn der Aufsichtsrat weitere unternehmensinterne sowie externe Informationsgeber in sein System einbindet. Intern kommen hier z. B. die interne Revision, Leiter und Mitarbeiter des Controllings oder Leiter und Mitarbeiter des Risikomanagements in Frage. Dies hat den Vorteil, zumindest theoretisch, dass Informationen über wichtige Kennzahlen des Unternehmens direkt kommuniziert werden können. Praktisch ist jedoch nicht zu vergessen, dass alle Mitarbeiter in irgendeiner Form dem Vorstand unterstellt sind. Somit ist zu bezweifeln, ob die Angestellten den Vorstand vor dem Aufsichtsrat denunzieren würden. Diese Schwachstelle ist bei externen Informanten weniger gegeben. Da diese i.d.R. in keinem Abhängigkeitsverhältnis zum Vorstand stehen, können sie weitgehend autark handeln. Es fällt ihnen wesentlich einfacher auch die schlechten Nachrichten zu kommunizieren. Besonders geeignet um an diese Informationen zu gelangen, sind Abschlussprüfer, da diese zumeist einerseits über die notwendige fachliche Kompetenz verfügen und auf der anderen Seite genügend Distanz zum Unternehmen haben. Es können zudem anderen Sachkundige von außen zur Informationsbeschaffung hinzugezogen werden.[62]

---

[59] Vgl. Peltzer, Haftung von Vorstand, Aufsichtsrat und Wirtschaftsprüfern, 2008, S. 546
[60] Vgl. Deutscher Corporate Governance Kodex, 2014 S. 4
[61] Vgl. Leyens, Information des Aufsichtsrats, 2006, S. 144
[62] Vgl. Beckmann, Die Informationsversorgung von Mitgliedern des Aufsichtsrates, 2009, S.95 f.

Die unten aufgeführte Grafik zeigt, dass sich die Informationen, die der Aufsichtsrat benötigt, um seine Arbeit sorgfältig ausführen zu können, in drei Gruppen teilt. Zum einem die Informationen die benötigt werden, zum anderem die Informationen, die vom Vorstand und anderen Quellen angeboten werden und zum dritten die Auskünfte, die der Aufsichtsrat nachfragt. Um eine geeignete Kontrolle gewährleisten zu können, sollten möglichst alle Informationen, die wichtig sind für die Gesellschaft, im Bereich von Ziffer vier sein. So wird der Aufsichtsrat nur mit den wichtigen und notwendigen Informationen versorgt.

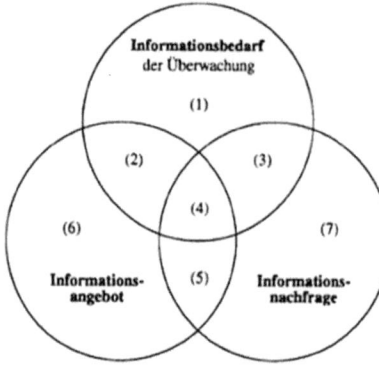

(1) Informationen, die weder angeboten noch nachgefragt werden, aber notwendig sind

(2) Informationen, die angeboten werden, notwendig sind, aber nicht nachgefragt werden

(3) Informationen, die nachgefragt werden und notwendig sind, aber nicht angeboten werden

(4) Informationen, die angeboten und nachgefragt werden und notwendig sind

(5) Informationen, die angeboten und nachgefragt werden, aber nicht notwendig sind

(6) Informationen, die angeboten werden, aber weder nachgefragt werden noch notwendig sind

(7) Informationen, die nachgefragt werden, aber weder angeboten werden noch notwendig sind

Abbildung 5: Informationsbeschaffung[63]

Das nachfolgende Schaubild verdeutlicht nochmals, das es zwei verschiedene Arten von Informationsquellen gibt, intern sowie extern. Bei beiden Informationsquellen gibt es dann wieder verschiedene Informanten. Ein vollständiges und konzises Informationssystem verwendet mehrere dieser Quellen.

---

[63] Diederichs, Aufsichtsratsreporting, 2008, S. 95

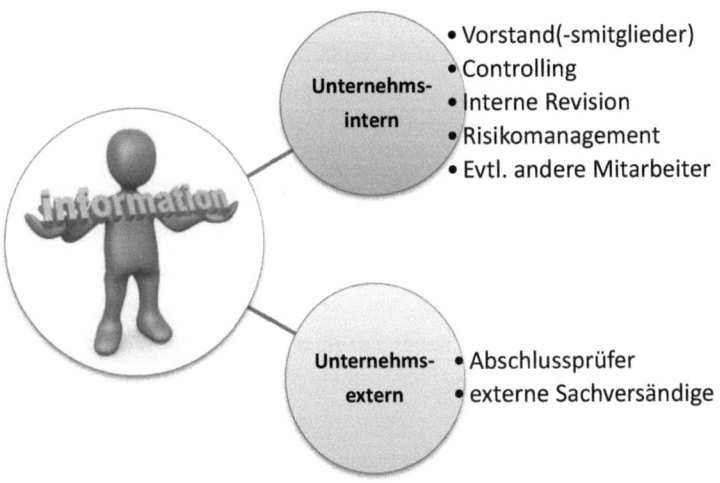

• Vorstand(-smitglieder)
• Controlling
• Interne Revision
• Risikomanagement
• Evtl. andere Mitarbeiter

Unternehms-intern

Unternehms-extern
• Abschlussprüfer
• externe Sachversändige

Abbildung 6:Informationsquellen

2.2.3.4. Erweiterung des Aufgabenfeldes

Seit einigen Jahren ist das klassische Aufgabenfeld des Aufsichtsrates jedoch erweitert wurden. Den Mandatsträgern wurden mehr Rechte zugesprochen, die sie bei ihren Aufgaben unterstützen sollen. Neue Rechte bringen jedoch auch neue Pflichten mit sich. Ende der neunziger Jahre wurden im KonTraG neue Gesetzesregelungen geschaffen, damit die Aufsichtsräte den vermehrten Anforderungen gewachsen sind. Insbesondere im Hinblick auf den Jahresabschluss wurden die Vollmachten des Aufsichtsrates stark erweitert. Gem. § 90 AktG obliegt es nun dem Aufsichtsrat direkt einen Wirtschaftsprüfer zu beauftragen. Ferner regelt § 318 HBG zudem, dass der Bericht des Abschlussprüfers ohne Umwege an den Aufsichtsrat übermittelt wird. Weiterhin sieht § 117 AktG vor, dass der Wirtschafsprüfer an den Verhandlungen des Aufsichtsamtes bzgl. des Jahresberichtes teilnimmt und so für evtl. Fragen oder Erklärungen zur Verfügung steht.[64] Somit hat der Aufsichtsrat eine deutlich bessere Chance nachzuvollziehen, wie genau es um die Situation des Unternehmens steht, da er alles aus erster Hand erfährt und der Bericht

---

[64] Vgl. Thümmel, Aufsichtsräte in der Pflicht, 1999, S.887

nicht beispielsweise durch den Vorstand „weichgespült" wurde. Die Möglichkeit sich hinter der Behauptung zu verstecken, man hätte nichts von der
Schieflage gewusst oder sei vom Vorstand falsch informiert worden, fällt somit jedoch weg.

Die Berichtspflichten des Vorstandes wurden ebenso erweitert, was in § 90
AktG geregelt ist. Demzufolge ist der Vorstand somit verpflichtet, den Aufsichtsrat in Bezug auf die Unternehmensplanung nicht nur zu informieren,
sondern auch aktiv mit einzubeziehen. Der Aufsichtsrat soll bei der Planung
mitwirken und soll somit und neben der Kontrolle auch den Vorstand in solchen unternehmerischen Entscheidungen unterstützen. D.h. allerdings, dass
bei Fehlplanungen der Aufsichtsrat ebenso in der Schuld steht. Weiterhin ist
der Vorstand durch die Gesetzesänderungen dazu verpflichtet, ein Frühwarnsystem anzulegen. Die Pflicht des Aufsichtsrates besteht einerseits darin, darauf zu achten, dass der Vorstand sich um das Frühwarnsystem überhaupt kümmert, es funktional einrichtet und betreut und andererseits ist es
seine Aufgabe, dieses Frühwarnsystem zu nutzen und somit rechtzeitig die
Signale zu erkennen.[65] Der Aufsichtsrat ist somit doppelt in der Pflicht, er-
kennt er die Zeichen nicht, weil es der Vorstand versäumt hat das Frühwarnsystem zu verwenden, hat er gegen seine Pflicht verstoßen dafür Sorge zu
tragen, dass diese Installation sorgfältig genutzt wird. Wurden vom Aufsichtsrat die Signale nicht oder falsch gedeutet, so war es eine Pflichtverletzung,
da der Aufsichtsrat selber das Frühwarnsystem nicht effektiv gebraucht hat.

Diese Doppelbelastung von Aufsichtsräten kann nicht nur zwischen den Organen zu Konflikten führen, sondern auch bezüglich der Haftung.[66] Das sog.
Ision-Urteil des OLG Hamburg, bestätigt durch den BGH im Jahre 2011, veranschaulicht dies. In diesem Fall hatte sich der Vorstand bzgl. einer Rechts-
angelegenheit den Rat eines Aufsichtsrates eingeholt. Dieses Mitglied des
Aufsichtsrates war Rechtsanwalt. Der rechtliche Rat stellte sich im Nachhinein jedoch als fehlerhaft heraus. Für den Rechtsanwalt, der als Aufsichtsrat tätig war, bedeutet dies, dass er zweifach haftet. Einmal in seiner Funktion als Berater, da er einen fehlerhaften Rechtsrat erteilt hat und zudem in
seiner obligatorischen Funktion als Mitglied des Kontrollorgans. Im zweiten

---

[65] Vgl. Thümmel, Aufsichtsräte in der Pflicht, 1999, S.887
[66] Vgl. Hardt, Neue Rollenerwartungen an Aufsichtsräte und Beiräte, 2014, S. 85

Fall haftet er, da er dem Vorstand seine Einwilligung zu einer Entscheidung gab, welche auf falscher bzw. ungenügender Rechtsberatung beruhte.[67]

2.2.3.5. Unternehmerischer Spielraum

Zu strenge Regeln in Bezug auf die Haftung von unternehmerischen Entscheidungen sind jedoch sehr kontraproduktiv für die Innovationsfähigkeit sowie die Weiterentwicklung der jeweiligen AG. Ein Aufsichtsrat kann genauso wenig wie jeder andere in die Zukunft schauen und manchmal hilft die beste Vorbereitung nichts, da es zu unvorhergesehen Krisen kommt o.ä. Genau dieser Punkt, richtige und vollständige Vorbereitung gestützt von Verantwortungsbewusstsein, sowie dass die Entscheidung ausschließlich dem Wohle des Unternehmens dient, ist jedoch der Crux an der Sache. Stellt der Aufsichtsrat beispielsweise einen neuen Vorstand ein, der sich als ungeeignet erweist, dann entstehen dem Unternehmen zusätzliche Kosten in Form von neuen Stellenausschreibungen, Bewerbungsgesprächen etc. Kann der Aufsichtsrat für diesen aus ex post Sicht eindeutig falschem Entschluss haftbar gemacht werden? Die Antwort ist, wie so oft in juristischen Entscheidungen, es kommt darauf an. Der Bewerber hatte gute, nachprüfbare Zeugnisse, Erfahrung und überzeugte auch im Vorstellungsgespräch mit seiner Persönlichkeit. Leider stimmte es zwischenmenschlich nicht zwischen dem neuen und den bereits vorhandenen Vorständen, so kann dem Aufsichtsrat kein Vorwurf gemacht werden. Wurden aber z.B. Lücken im Lebenslauf des potenziellen Vorstandes nicht hinterfragt oder übersehen und auch sonst nicht viel dafür getan weitere Erkundigungen einzuholen, so muss sich der Aufsichtsrat die Verantwortung dafür zurechnen lassen. Unter anderem, aber nicht ausschließlich dafür verantwortlich, dass wieder etwas zurück gerudert wurde bei der Haftungsfrage sind die Business Judgement Rules aus den Vereinigten Staaten.[68]

Die Mitentscheidung des Aufsichtsrates ist jedoch nicht bei jedem Geschäftsvorfall von Nöten. Generell muss er alle diese Geschäfte mit beraten,

---

[67] Vgl. Platow, Vorstands- und Aufsichtsratshaftung, 2014,
[68] Vgl. Peltzer, Haftung von Vorstand, Aufsichtsrat und Wirtschaftsprüfern, 2008, S. 563

welche er später zu überwachen hat. Besonderes Augenmerk liegt hierbei auf den Tatbeständen gem. § 90 AktG.[69] Konkret bedeutet dies, dass der Aufsichtsrat zuständig ist für die Überwachung der Geschäftsleitung, die Rentabilität des Unternehmens sowie über den Verlauf von Geschäften mit besonders hoher Rentabilität und/oder Liquidität. Zudem von besonderer Bedeutung sind die Umsätze, die das Unternehme tätigt.[70] Neben diesen Paragraphen spielt jedoch zudem § 111 Abs. 4 AktG eine entscheidende Rolle. Dieser Paragraph ermöglicht es, wie bereits erwähnt, dem Aufsichtsrat bestimmte Geschäfte an seine Zustimmung zu koppeln.[71] Dies geht jedoch nicht mit allen Geschäften. Dieses Vetorecht steht dem Aufsichtsrat nur zu, wenn es sich um besonders wichtige Geschäfte handelt, bei denen reine ex-post Kontrolle fahrlässig wäre, da diese Art von Geschäften eine zu große potenzielle Gefahr für die Gesellschaft darstellen würden, beispielsweise bei Fusionen. Eine abschließende Liste von Geschäftsvorfällen, welche als zustimmungspflichtig gelten, kann entweder in der Satzung oder in der Geschäftsordnung niedergelegt werden. Letzteres ist hierbei zu präferieren, da eventuelle schnelle Änderungen zum Wohle der AG somit nicht erst durch einen Beschluss in der Hauptversammlung genehmigt werden müssen. Unabhängig davon sollte regelmäßig die Liste auf Aktualität und Nutzen überprüft werden. Das Gesetz bietet dem Aufsichtsrat weitestgehend freie Hand zu entscheiden, welche konkreten Geschäftsvorfälle zustimmungspflichtig sein sollen und welche nicht. Es ist aber dennoch ein Instrument der Überwachung, welches nur für Einzelfälle eingesetzt werden soll. Vollständige Kataloge über zustimmungspflichtige Geschäfte gehören zur Sorgfaltspflicht des Aufsichtsrates und können bei unzureichender Beschäftigung mit den Katalogen somit Haftungsansprüche auslösen.[72]

---

[69] Vgl. Beckmann, Die Informationsversorgung von Mitgliedern des Aufsichtsrates, 2009, S.26
[70] Vgl. Hüffner, Aktiengesetz, 1999, S.413
[71] Vgl. Prigge, Der Beitrag von Aufsichtsräten zu guter Corporate Governance, 2012, S. 78 f.
[72] Vgl. Beckmann, Die Informationsversorgung von Mitgliedern des Aufsichtsrates, 2009, S.26 f.

2.2.3.6. Umfang der Überwachungstätigkeit

Eine vollumfängliche Überwachung jeder Tätigkeit des Vorstandes ist auch durch den Aufsichtsrat nicht zu gewährleisten. Dies ist jedoch gar nicht primär das Ziel. Es geht nicht darum, dass der Aufsichtsrat das Tagesgeschäft kontrolliert, sondern in erster Linie um die Überwachung des wichtigen Geschehens für die Gesellschaft. Zudem muss der Aufsichtsrat die Geschäfte des Vorstandes auf die Plausibilität prüfen. Im Normalfall hat der Aufsichtsrat aber in jedem Fall die Pflicht, die periodischen Berichte des Vorstandes zu lesen und sich viermal im Jahr zu einer Sitzung zusammenzusetzen. Eine zu detaillierte Überwachung kann sogar eher kontraproduktiv sein. Evtl. werden so Ressourcen des Aufsichtsrates sowie des Vorstandes, weil dieser sich präparieren muss, verschwendet. Dies heißt jedoch keinen falls das der Aufsichtsrat Gerüchten nicht nachgehen muss.[73] Wie schnell er diesem Gemunkel nachgehen muss ist jedoch nicht ganz geklärt. Das Gesetz gibt keine ausreichende Auskunft darüber, wann der Aufsichtsrat seine ihm obliegenden Pflichten verletzt. Zu welchem Zeitpunkt muss der Aufsichtsrat also eingreifen? Es gilt hier lediglich dass er dies „rechtzeitig" tun muss. Es ist aber nicht genau festgelegt, wann rechtzeitig ist. [74]

In dem sog. Balsam/Procedo Fall wurde vom LG Bielefeld geurteilt, dass der Aufsichtsrat einschreiten muss, wenn auch nur der Verdacht besteht, dass die Geschäfte, welche der Vorstand tätigt, die Existenz der Gesellschaft bedrohen könnten.[75] Der Insolvenzverwalter hat Klage eingereicht, da er der Auffassung war der Aufsichtsrat hätte durch sein nicht Handeln die Insolvenz in die Länge gezogen und so Schulden vermehrt. Der Aufsichtsrat hat demnach die Schulden durch unterlassenes Handeln anwachsen lassen. Dies ist eine Verletzung seiner Pflichten als Aufsichtsrat. Das verantwortliche Mitglied wurde zum Schadensersatz von fünf Millionen DM verurteilt.[76] Nach Meinung des Gerichtes macht sich ein Aufsichtsrat bereits dann der Pflichtverletzung schuldig, wenn er (vage) Gerüchte etc. einfach ignoriert. In besagtem Fall ist ein Mandatsträger des damaligen Aufsichtsrates der Balsam AG Hinweisen

---

[73] Vgl. Peltzer, Haftung von Vorstand, Aufsichtsrat und Wirtschaftsprüfern, 2008, S. 604
[74] Vgl. Peltzer, Haftung von Vorstand, Aufsichtsrat und Wirtschaftsprüfern, 2008, S. 543
[75] Vgl. Korts, Der Aufsichtsrat, 2008, S.3
[76] Vgl. Olbrich, Die D & O Versicherung, 2007, S. 39

nicht nachgegangen, dass der Vorstand Scheingeschäfte tätigt. Gem. Gerichtsurteil hätte er dem Hinweis auf seine Richtigkeit überprüfen müssen und anschließend die Geschäfte des Vorstandes unterbinden, bzw. die Zustimmung des Aufsichtsrates verlangen müssen. Da der Beklagte das in diesem Fall unterließ, hat er gegen seine Sorgfaltspflicht verstoßen.[77] Er haftet somit für den Schaden, welcher der Gesellschaft verursacht wurde und zwar ab dem Zeitpunkt, ab dem er Kenntnis der Scheingeschäfte erlangt hatte bzw. hatte haben müssen.[78] Zwar hat das LG Bielefeld geurteilt das solchem Gerede nachgegangen werden muss, doch wann hier wieder rechtzeitig ist, ist nicht ganz ersichtlich. Muss das Mitglied des Aufsichtsrates sofort, unverzüglich den Aufsichtsratsvorsitzenden informieren sowie evtl. darauf drängen rasch eine Aufsichtsratssitzung einzuberufen, also z.B. sofort anrufen. Muss derjenige am nächsten Tag den Vorsitzenden aufsuchen oder reicht es, wenn ohnehin in zwei Wochen eine Sitzung anberaumt ist, auf dieser sein Anliegen vorzubringen.[79] Was im konkreten Fall noch als „rechtzeitig" angesehen werden mag, schwankt sicherlich. Für das einzelne Aufsichtsratsmitglied kann es jedoch nicht schädlich sein, seinem Verdacht umgehend nachzugehen und ggf. zu melden.

2.2.3.6.1.   Umfang der Kontrollpflicht ex ante

Im Zuge des ARAG-Urteils aus dem Jahre 1997 wurde von der Rechtsprechung festgelegt, dass es einen Unterschied zwischen rückschauender und in der Zukunft liegender Kontrollpflicht des Aufsichtsrates gibt. Handelt es sich um die präventive Kontrolle, die der Aufsichtsrat laufend ausführen muss, so sind die unternehmerischen Tätigkeiten des Aufsichtsrates gemeint. Mit jeder unternehmerischen Entscheidung ist ein gewisses Risiko verbunden. Scheinbar sichere Entscheidungen können sich im Nachhinein als falsch herausstellen und nicht für jeden falschen Entschluss ist der Aufsichtsrat gleich regresspflichtig. Es muss bezüglich der Haftungssituation des Aufsichtsrates demzufolge ein gewisser unternehmerischer Spielraum ge-

---

[77] Vgl. LG Bielefeld, Urteil vom 16.11.1999, 15 O 91/98
[78] Vgl. Lederer, Die Haftung von Aufsichtsratsmitgliedern, 2011. S 97 f.
[79] Vgl. Peltzer, Haftung von Vorstand, Aufsichtsrat und Wirtschaftsprüfern, 2008, S. 543

währt werden. Es gilt in diesem Fall erst als Pflichtverletzung, wenn der Aufsichtsrat gegen Regelungen, seien es gesetzlicher oder satzungsmäßiger Art verstoßen hat. Ferner muss es sich der Aufsichtsrat als Verschulden anrechnen lassen, wenn er eine (falsche) Entscheidung trifft, ohne vorher geeignete Maßnahmen ergriffen zu haben um in eine möglichst gute Entscheidungsposition zu gelangen, z.B. fachkompetente Berater zu konsultieren. Die Basics aus Betriebswirtschaft bzw. aus dem Kaufmännischen gelten zudem als Standard, welcher der Aufsichtsrat einhalten muss, insbesondere bei risikoreicheren Vorschlägen von Seiten des Vorstandes. Werden diese ignoriert, setzt sich der Aufsichtsrat der eventuellen Haftung aus.[80]

2.2.3.6.2. Umfang der Kontrollpflicht ex post

Strenger ist die Rechtsprechung bei der Überwachung von bereits vergangenen Ereignissen. Dies bedeutet ebenso, dass die Prüfung durch den Aufsichtsrat stärker sein muss. Das Gericht kontrolliert in dem Fall vollständig die vom Aufsichtsrat abgeschlossenen Tätigkeiten, auf Zweck- sowie Rechtmäßigkeit. Eine rückschauende Pflichtverletzung liegt vor, wenn Überwachungssystem bzw. Instrumente, die dem Aufsichtsrat zur Verfügung stehen nicht oder nur mangelhaft genutzt worden sind. Der Aufsichtsrat kann den Vorstand auch in wirtschaftlich guten Zeiten nicht einfach nur gewähren lassen und seine Entscheidungen abnicken. Selbstredend sollte die Aufsicht in Krisenzeiten noch intensiviert werden. Konkret beutet dies beispielsweise, dass der Aufsichtsrat dazu verpflichtet ist, die Berichte des Vorstandes nicht nur zu lesen, sondern zu hinterfragen und falls nötig Konsequenzen zu ziehen.[81]

---

[80] Vgl. Thümmel, Aufsichtsräte in der Pflicht, 1999, S. 886 f.
[81] Vgl. Thümmel, Aufsichtsräte in der Pflicht, 1999, S. 886 f.

2.2.3.7. Folgen bei Verletzung der Überwachungspflicht

Verletzt ein Mitglied des Aufsichtsrates seine Pflicht zur Kontrolle des Vorstandes, so haftet der (gesamte) Aufsichtsrat dafür persönlich. In § 93 AktG i.V.m. § 116 AktG ist niedergelegt, dass dies der Fall ist, sofern der Aufsichtsrat durch sein Handeln bzw. Unterlassen, der Gesellschaft Schaden zugefügt hat. In Rahmen der Überwachungspflicht spielt insbesondere die unterlasse Handlung eine Rolle, weil z.b. die Unterlagen, die vom Vorstand überbracht worden sind, nicht ordnungsgemäß kontrolliert wurden.[82] Der Umfang der persönlichen Haftung hängt von mehreren Faktoren ab. Der Bedeutendste ist dabei in welchem Umfang die Gesellschaft geschädigt wurde, ob evtl. noch weitere Schadensersatzforderungen von außen hinzutreten, sowie ob eine D & O Versicherung oder ähnliches abgeschlossen wurde.

2.2.4.   Haftungsgefahren im Personalbereich

Im vorangegangenen Kapitel wurde erläutert, dass der Aufsichtsrat den Vorstand umfassend überwachen muss. Es ist aber ebenso von entscheidender Bedeutung, dass der Aufsichtsrat sich bei der Bestellung des Vorstandes bemüht, einen passenden Kandidaten zu finden. Weiterhin muss für den Vorstand auch eine angemessene Vergütung festgelegt werden.

2.2.4.1. Bestellung des Vorstandes

Es ist die alleinige Aufgabe des Aufsichtsrates über die Bestellung eines geeigneten Vorstandes zu befinden. Der Vorstand selber kann keine Kollegen bestimmen, er darf es lediglich gem. § 81 AktG bekanntmachen. Die Bestellung eines passenden Vorstandes ist zudem ebenso eine Art der Überwachung des Vorstandes, und zwar eine präventive.[83] Aus diesem Grunde empfiehlt es sich bei der ersten Berufung eines neuen Vorstandes, die volle

---

[82] Vgl. Public Governance, Rechte und Pflichten des Aufsichtsrates, 2006 S. 19
[83] Vgl. Beckmann, Die Informationsversorgung von Mitgliedern des Aufsichtsrates, 2009, S.33

Mandatszeit von fünf Jahren nicht auszuschöpfen, sondern möglichst zunächst zu schauen, wie sich der neue Kandidat in den Vorstand einfügt.[84] Neben einer sorgfältigen Vorbereitung und Information bei der erstmaligen Bestellung eines Vorstandes, sollte dies ebenfalls bei der Wiederbestellung geschehen. Die ist frühestens ein Jahr vor Ablauf des Anstellungsvertrages möglich.[85]

Es ist jedoch ebenso die Pflicht des Aufsichtsrates, den Vorstand abzuberufen, sofern dies von Nöten seien sollte. Eine Abberufung des Vorstandes kann ordentlich oder außerordentlich geschehen. Während die ordentliche Abberufung durch Zeitablauf, das Ableben des Vorstandes oder Berufsunfähigkeit geschieht, tritt die außerordentliche aufgrund von Pflichtverletzungen oder ähnlichem auf. Liegt der wichtige Grund in der Person des Vorstandes begründet, kann es zudem zu einer fristlosen Kündigung des Vorstandes kommen. Denkbar und auch üblich in der Praxis ist weiterhin eine einvernehmliche Trennung bei der eine Abfindung entrichtet wird.[86]

2.2.4.2. Unangemessene Festsetzung der Vergütung des Vorstandes

Wie bereits im Kapitel 1.3.2 erwähnt, gehört neben der Bestellung und Abberufung ebenso die Festlegung des Entgelts der einzelnen Vorstände zum Tätigkeitsbereich des Aufsichtsrates. Es handelt sich hierbei um eine Pflicht, die das gesamte Gremium des Aufsichtsrates wahrzunehmen hat. Seit der Verschärfung des Gesetzes im Jahre 2009 kann dies nicht mehr in Ausschüssen o.ä. dirigiert werden. Neben der reinen, einmaligen Festsetzung der Vergütung, muss zudem eine regelmäßige Überprüfung der Gehaltsstruktur stattfinden. Die Bestimmung der Höhe des Gehalts ist von essentieller Bedeutung für die Gesellschaft. Ein attraktives Entgelt trägt maßgeblich dazu bei mit wie viel Leistungsfähigkeit bzw. Leistungsbereitschaft ein Vorstand sich in das Unternehmen einbringt. Ein zu niedriges Gehalt schadet

---

[84] Vgl. Peltzer, Die Haftung von Vorstand, Aufsichtsrat und Wirtschaftsprüfer, 2008, S. 630
[85] Vgl. Beckmann, Die Informationsversorgung von Mitgliedern des Aufsichtsrates, 2009, S.33 f.
[86] Vgl. Beckmann, Die Informationsversorgung von Mitgliedern des Aufsichtsrates, 2009, S.37

also der Gesellschaft, da der Vorstand unmotiviert sein kann. Auf der anderen Seite kann eine zu hohe Entlohnung ebenso kontraproduktiv sein. In Fällen von drastischer Abweichung der Vergütung, sei es nach oben oder unten, kann das Rechtsgeschäft u.U. sogar rechtswidrig sein, da es gem. § 138 BGB sittenwidrig ist.[87] Die Fixierung eines adäquaten Bezuges kann deswegen zu einer Herausforderung für den Aufsichtsrat werden.

Einen ersten Anlaufpunkt, was angebracht erscheint, liefert wie so oft das Gesetz. In § 87 AktG sind die Grundsätze über die Höhe der Vergütung dargelegt. I.S.d. Gesetzes soll die Entlohnung in einem entsprechenden Verhältnis zu dem stehen, was der Vorstand leistet. Dies findet statt unter Berücksichtigung der wirtschaftlichen Lage des betreffenden Unternehmens. Die Bezahlung sollte zudem nicht erheblich von der üblichen Vergütung abweichen, sofern es dazu keinen berechtigten Grund gibt. Bei Unternehmen, welche an der Börse notiert sind kommt hinzu, dass die Vergütungsstruktur auf eine nachhaltige Unternehmensentwicklung abgestimmt werden sollte.[88] Einen weiteren Orientierungspunkt bietet Abs. 4.2.3 des DCGK. Das monetäre Entgelt soll aufgeteilt werden in fixe sowie variable Bezüge. Bei der Festsetzung des variablen Gehaltspartes ist darauf zu achten, dass die Bemessungsgrundlage dafür mehrere Jahre sind. Bei der Ausgestaltung sollten zudem die potenziellen positiven als auch negativen Entwicklungen der Gesellschaft mit einbezogen werden. Die einzelnen Teile der Vergütung müssen in einer adäquaten Relation zur Tätigkeit stehen, nicht nur insgesamt sondern auch jeder Teil für sich allein. Eine Höchstgrenze für die variable Vergütung ist empfehlenswert. Diese Maßnahmen sollen verhindern, dass der Vorstand dazu verleitet wird, unangemessene Risiken einzugehen.[89] Mit der Gesetzänderung zur Angemessenheit der Vorstandsvergütung wurde versucht, die Risikobereitschaft weiter einzudämmen, indem bei der Ausgestaltung der Boni vermehrt Wert auf das langfristige Unternehmenswohl gelegt werden soll, anstatt auf das Erreichen kurzfristiger Erfolgsparameter wie z.B. den Börsenkurs. Hinter diesen Maßnahmen steht der Sinn, dass Vorstände nicht

---

[87] Vgl. Beckmann, Die Informationsversorgung von Mitgliedern des Aufsichtsrates, 2009, S.37 f.
[88] Vgl. Hüffner, Aktiengesetz, 1999, S.402
[89] Vgl. Deutscher Corporate Governance Kodex, 2014 S. 7

dazu verführt werden, in erster Linie an sich und ihr Gehalt zu denken, sondern an das Wohl ihres Arbeitgebers. [90]

Was genau als angemessen gilt, hat derzeit noch keine gesetzliche Konkretisierung erfahren, weswegen die Aufsichtsräte ein relativ hohes Maß an Freiraum genießen. Nach herrschender Meinung gilt die Höhe des Entgelts jedoch dann als angebracht, wenn diese zum einem den ökonomischen Erfolg des Unternehmens widerspiegelt. Zum anderen sollten die Bezüge in etwa dieselbe Höhe aufweisen, wie die eines anderen Vorstandes der vergleichbarere Aufgaben innehat. Dies bezeichnet man als den sog. „Drittvergleich". Die Abwägung der angebrachten Entlohnung erfolgt somit stets durch den Abgleich mit verschiedenen relevanten Vergleichsgrößen.[91] Der Aufsichtsrat muss eine Herabsetzung der Bezüge des Vorstandes vornehmen, sofern sich die Lage der Gesellschaft verschlechtert. Hierbei ist es nicht notwendig, dass es sich um eine Gefährdung des Unternehmens handelt wie z.b. drohende Insolvenz. Eine simple Verschlechterung, die z.b. Personalabbau zur Folge hat, ist seit der Überarbeitung des Gesetzes im Zuge der Finanzkrise ausreichend. Dabei kommt es nicht darauf an, dass der Vorstand unbillig, also z.B. pflichtwidrig gehandelt hat. Es genügt, wenn der Rückschritt der wirtschaftlichen Lage in seiner Amtszeit geschehen und ihm zurechenbar ist.[92]

2.2.4.3. Folgen bei unangebrachter Festsetzung der Vergütung

Kommt der Aufsichtsrat seiner in den §§ 116 sowie 93 AktG niedergeschriebenen Verpflichtungen nicht nach, so macht sich dieser persönlich haftbar. D.h. setzt der Aufsichtsrat die Vergütung unangemessen fest bzw. versäumt es diese der aktuellen wirtschaftlichen Situation des Unternehmens anzupassen, muss der Aufsichtsrat mit seinem privaten Vermögen für den Schaden haften, welchen die Gesellschaft aufgrund dessen erlitten hat. Dieser

---

[90] Vgl. Deutscher Bundestag, VorstAG, 2009, S. 5
[91] Vgl. Beckmann, Die Informationsversorgung von Mitgliedern des Aufsichtsrates, 2009, S. 38 f.
[92] Vgl. Deutscher Bundestag, VorstAG, 2009, S. 6

Schaden beläuft sich auf die Differenz zwischen der gezahlten Vergütung und dem Entgelt, welches angemessen gewesen wäre.[93]

Es ist aus Sicht des Aufsichtsrates immer sinnvoll, die Vergütungsstruktur durch einen Wirtschaftsprüfer absichern zu lassen, um sich gegen eventuelle Haftungsansprüche besser schützen zu können.[94]

2.2.5. Keine Verfolgung von Ersatzansprüchen gegenüber dem Vorstand

Dadurch das gem. § 112 AktG der Aufsichtsrat die Gesellschaft gegenüber dem Vorstand zu vertreten hat, ist es ebenso seine Pflicht, Haftungsansprüche geltend zu machen.[95] Konkret bedeutet dies, verursacht der Vorstand, durch Verletzung seiner Pflichten einen Schaden an der Gesellschaft, so ist der Aufsichtsrat wiederum verpflichtet dafür Sorge zu tragen, dass dieser für sein Fehlverhalten haftet. Dies kann beispielsweise geschehen, indem er den Vorstand verklagt. Es kann argumentiert werden, dass viele Aufsichtsräte jedoch kein gesteigertes Interesse daran besitzen, Ersatzansprüche wirklich zu verfolgen. Für dieses mangelnde Engagement können zwei Hauptgründe benannt werden.

2.2.5.1. Gründe für die Nichtverfolgung

Zum einem ist es in Deutschland häufiger der Fall, dass die Aufsichtsräte eines Unternehmens nebenher als Vorstand in einem anderem Unternehmen tätigt sind oder vice versa. Es ist somit nicht ganz unwahrscheinlich, dass sich Manager teilweise gegenseitig in jeweils anderen Unternehmen überwachen. Die Durchsetzung solcher Ersatzansprüche zu „vergessen" und darauf zu vertrauen, dass selbiges bei vertauschten Rollen ebenfalls so geregelt wird bzw. „zusammenzuhalten", könnte so durchaus als eine attraktive Opti-

---

[93] Vgl. Deutscher Bundestag, VorstAG, 2009, S. 6
[94] Vgl. Beckmann, Die Informationsversorgung von Mitgliedern des Aufsichtsrates, 2009, S.39
[95] Vgl. Hüffner, Aktiengesetz, 1999, S. 522

on gesehen werden. Publik wurde dieses Problem unter dem Namen „Deutschland AG". Zum zweiten möchte man dies aber vielleicht nicht zur Klage bringen und somit in die Öffentlichkeit tragen, um keine Aufmerksamkeit zu erregen. Das öffentliche Interesse an dem Fehltritt des Vorstandes sowie die damit verbundenen negative Publicity können der Gesellschaft Schaden zufügen und das Image nach außen verschlechtern. Unter Umständen kann der Nachteil, den die AG dadurch erleidet, größer sein als der zuvor entstandene Verlust. Durch die Handlungen des Vorstandes wird aber nicht nur das Unternehmen geschädigt, sondern ebenfalls die Aktionäre. Somit ist es fraglich, ob der Aufsichtsrat nach eigenem Ermessen auf die Schadensersatzansprüche verzichten kann. Diese Frage hat von 1994 bis 1997 i.V.m. dem ARAG/Garmenbeck-Urteil mehrere gerichtliche Instanzen beschäftigt. Die Richter waren sich bei dem Maße des Ermessensspielraumes ebenso uneinig wie es teilweise die Experten sind.[96]

2.2.5.2. ARAG/Garmenbeck-Entscheid

Der Sachverhalt bei diesem Fall stellt sich wie folgt dar:
Die ARAG verklagte ihren Finanzvorstand und nur diesen auf Schadensersatz. Dieser Finanzvorstand war unter anderem dafür zuständig, das Vermögen der AG zu verwalten, wozu ebenso die Beteiligungen mehreren Tochtergesellschaften gehörten. Im Jahre 1985 kam es erstmalig zum geschäftlichen Kontakt zwischen der ARAG und der Garmenbeck Ltd. Die Garmenbeck Ltd. war eine Briefkastenfirma ohne Räumlichkeiten oder Personal, dessen Geschäftsführer mehrfach vorbestraft war sowie mit einem anderen Unternehmen bereits Konkurs gegangen war. Im Wesentlichen betrieb das Unternehmen Anlagen - und Anlagevermittlungsgeschäfte. Dieses fragliche Geschäftsmodell vergab zum einem Kredite weit unter den üblichen Marktzins und andererseits nahm es Kapital entgegen, welches deutlich über dem gewöhnlichen Marktzins lag. 1986 wurde der erste Geschäftsabschluss getätigt, in die die Garmenbeck Ltd. einen Kredit über fünf Millionen DM zu zwölf Prozent Zinsen mit einer Laufzeit von drei Jahren erhielt. Im weiteren Verlauf

---

[96] Vgl. Becker, Verwaltungskontrolle durch Gesellschafterrechte, 1997 S.799

wurden weitere Geschäfte getätigt, welche zudem deutlich höhere Summen beinhalteten. Die Tochtergesellschaften mussten Avalkredite aufnehmen um das Kreditgeschäft mit Garmenbeck Ltd. zu finanzieren. Zum Schutz der Töchter gab die ARAG Patronatserklärungen ab. Zur weiteren Sicherheit wurde ausgehandelt, dass die Gamenbeck Ltd. eine Garantieerklärung einer Schweizer Rückversicherung erbringen muss, bevor sie das Geld erhält. An diese Vereinbarung hat sich der Finanzvorstand jedoch nicht gehalten. Dieser hat lediglich auf eine mündliche Vereinbarung mit dem Geschäftsführer der Garmenbeck Ltd. hin eine Gesamtsumme von über 55 Millionen DM überwiesen. Kurze Zeit später ging die Garmenbeck Ltd. in die Insolvenz und die Tochtergesellschaft hatte zunächst den Schaden. Die ARAG erwarb schließlich zum Nennwert die wertlos gewordenen Forderungen der Tochter. Der Finanzvorstand versuchte sich gegen die Anschuldigungen ihm gegenüber mit der Begründung zu exkulpieren, das sowohl der gesamte Vorstand sowie der Aufsichtsrat von den geschäftlichen Aktivitäten mit der Garmenbeck Ltd. gewusst hatten. Dieser Versuch hatte jedoch keine Wirkung und der Finanzvorstand wurde rechtskräftig verurteilt, da er gem. § 7 Abs. 2 VAG a.f. unzulässigerweise gegen das Verbot von Kreditgeschäften verstoßen hat.[97]

Das brisante an dem Fall ist jedoch, dass der Aufsichtsrat es mehrheitlich abgelehnt hat, neben dem Finanzvorstand ebenso den Vorstandsvorsitzenden auf die Anklagebank zu bringen.[98] Die Aktionäre der Gesellschaft waren allerdings der Auffassung, dass der Vorstandsvorsitzende ebenso eine Mitschuld an der Misere getragen hat. Aus diesem Grunde verlangten sie von der AG die Verfolgung von Schadensersatz auch gegenüber ihm. Der Aufsichtsrat hat jedoch in zwei Sitzungen per Mehrheitsbeschluss entschieden, dass der Vorstandsvorsitzende nicht haftbar gemacht werden soll. Diejenigen Mitglieder des Aufsichtsrates, die dafür gestimmt haben den Vorstandsvorsitzenden in Regress zu nehmen, erhoben Klage. Sie wollten vom Gericht die Nichtigkeit der Beschlüsse feststellen lassen. Gem. erster Instanz dem LG Düsseldorf wurde der Minderheit im Aufsichtsrat Recht gegeben.[99]

---

[97] Vgl. Raguß, Der Vorstand einer Aktiengesellschaft, 2009, S.229 f.
[98] Vgl. Raguß, Der Vorstand einer Aktiengesellschaft, 2009, S.234
[99] Vgl. Olbrich, Die D&O Versicherung, 2007, S. 31

Es wurde argumentiert, dass im Fall von Gesetzverstößen der Vorstandsmitglieder jegliche Wahlmöglichkeiten des Aufsichtsrates gegenstandslos sind.
Gem. § 246 AktG darf der Vorstand einen Schadensersatzanspruch nicht
ablehnen, wenn es, wie in diesem Fall, schlüssige und gute Gründe für die
Verfolgung gibt. Diese These wurde aber bereits kurze Zeit später im Urteil
der zweiten Instanz, dem OLG Düsseldorf, revidiert. Dieses urteilte genau
gegensätzlich und sprach dem Aufsichtsrat sehr wohl zu, bei der Entscheidung einen gewissen Spielraum ausnutzen zu dürfen. Dieser kann zwar in
Einzelfällen eingeschränkt werden, aber dies wird nicht ausgelöst aufgrund
eines reinen Gesetzesverstoßes.[100]

Das OLG Düsseldorf entschied, dass es nicht die Regel, sondern höchstens
die Ausnahme sein kann, dass sich der Ermessensspielraum des Aufsichtsrates auf null reduziert. Die richterliche Kontrolle ist aus diesem Grund in Er-
messenentscheidungen eingeschränkt. Sein Urteil begründete das Gericht
damit, dass der Aufsichtsrat bei seiner Entscheidung nicht nur die Erfolgsaussichten einer Klage zu berücksichtigen hat, sondern ebenso die Gründe
welche gegen eine Klage sprechen. Das OLG Düsseldorf rechtfertigt sein
Urteil dadurch, dass seiner Meinung nach die richterliche Kontrolle lediglich
dafür da sei, um zu überprüfen, ob der Aufsichtsrat eine Ermessensüber-
schreitung bzw. einen Ermessensmissbrauch begeht. Zu dieser richterlichen
Entscheidung gab es jedoch einige Gegenstimmen, die unterschiedliche Argumente darlegten, weshalb dem Aufsichtsrat in dieser Frage kein nur eingeschränkt überprüfbarer Ermessenspielraum zustehen sollte. Es wurde vorgebracht, dass dem Aufsichtsrat eine solche Freiheit nur bei unternehmerischen Entscheidungen zusteht. Die Abwägung über die Verfolgung von Ersatzansprüchen eines Vorstand(smitglied) fällt nicht darunter. Sofern Aussicht auf Erfolg der Klage besteht, muss der Aufsichtsrat i.d.R. diese einreichen. Nur in Ausnahmefällen, wenn es aus Sicht der Gesellschaft objektive,
sowie gewichtige Gründe gibt, sollte davon abgesehen werden. Ein anderer
Standpunkt ist, dass sich die unternehmerische Freiheit von Aufsichtsräten
sowie Vorständen nicht darauf erstreckt, dass diese eigenmächtig auf Ver-
mögenswerte der Gesellschaft verzichten können. Andere haben ganz klar
gesagt, dass die Geltendmachung von Schadensersatzansprüchen gegen-

---

[100] Vgl. Raguß, Der Vorstand einer Aktiengesellschaft, 2009, S.234

über pflichtwidrig handelnden Vorständen eben zur Überwachungspflicht eines Aufsichtsrates gehört. Zudem wurden Stimmen laut, das in einem solchen Falle das Wohl der Aktionäre bedacht werden müsse und nicht lediglich das der Gesellschaft. Schließlich ging der Rechtsstreit in eine weitere Runde. Die oberste Instanz urteilte folgendermaßen:[101]

„Kommt der Aufsichtsrat zu dem Ergebnis, dass sich der Vorstand schadensersatzpflichtig gemacht hat, muss er aufgrund einer sorgfältigen und sachgerecht durchzuführenden Risikoanalyse abschätzen, ob und in welchem Umfang die gerichtliche Geltendmachung zu einem Ausgleich des entstandenen Schadens führt. Gewissheit, dass die Schadensersatzklage zum Erfolg führen wird, kann nicht verlangt werden."[102]

„Stehen der AG nach dem Ergebnis dieser Prüfung durchsetzbare Schadensersatzansprüche zu, hat der Aufsichtsrat diese Ansprüche grundsätzlich zu verfolgen. Davon darf er nur dann ausnahmsweise absehen, wenn gewichtige Gründe des Gesellschaftswohls dagegen sprechen und diese Umstände die Gründe, die für eine Rechtsverfolgung sprechen, überwiegen oder ihnen zumindest gleichwertig sind. Anderen außerhalb des Unternehmenswohles liegenden, die Vorstandsmitglieder persönlich betreffenden Gesichtspunkten darf der Aufsichtsrat nur in Ausnahmefällen Raum geben".[103]

2.2.5.3. Folgen für den Aufsichtsrat bei Nichtverfolgung

Während die Prüfungsmöglichkeit der Hauptversammlung i.S.d. § 147 AktG unberührt bleibt, wurde dem Aufsichtsrat eine eigene Prüfungspflicht auferlegt. Beschließt die Hauptversammlung die Verfolgung eines solchen Schadensersatzanspruches, so muss der Aufsichtsrat diesen ohnedies geltend machen. Grundsätzlich hat der Aufsichtsrat zudem eine Verfolgungspflicht.[104] Bei jedem potentiellen Schadensersatz gegen den Vorstand ist es die unabdingbare Aufgabe des Aufsichtsrates zunächst einmal den Tatbestand festzustellen. Um diesem Aspekt der Überwachungspflicht nachzukommen, kann

---

[101] Vgl. Raguß, Der Vorstand einer Aktiengesellschaft, 2009, S.235
[102] BGH, Urteil vom 21.04.1997, 2 ZR 175 / 95.
[103] BGH, Urteil vom 21.04.1997, 2 ZR 175 / 95.
[104] Vgl. Raguß, Der Vorstand einer Aktiengesellschaft, 2009, S.236 f.

der Aufsichtsrat sich all seiner Instrumente bedienen, wie z. B. sein Recht auf Einsicht und Prüfung geltend zu machen. Anschließend muss eine Analyse durchgeführt werden, welche feststellen soll, wie hoch das Risiko bzw. die Erfolgsaussichten bei einem Prozess sind. Bestandteile dieser Prozessrisikoanalyse sind, dass der Sachverhalt eindeutig und beweisbar ist, sowie wie hoch die Wahrscheinlichkeit ist, dass die Forderungen eingetrieben werden können. Die Gründe, welche gegen eine Einreichung der Klage sprechen, müssen im Unternehmenswohl begründet liegen. Soziale Faktoren, wie langjährige Unternehmenszugehörigkeit dürfen nicht in die Abstimmung einbezogen werden. Nach Abwägung der Argumente muss sich der Aufsichtsrat entscheiden ob er einen Gerichtsprozess anstrebt oder nicht. Ein gerichtliches Verfahren ist einzuleiten, wenn die Argumente dafür überwiegen oder zumindest gleichstark gewichtet werden wie diejenigen, die dagegen sprechen.[105] Dadurch, dass der Aufsichtsrat diese Überlegungen eigenständig anstellt, ist sein Ermessensspielraum keineswegs auf null reduziert. Er wurde gegenüber dem Urteil des OLG jedoch wieder deutlich eingeschränkt. Die Literatur gibt eine gewisse Faustformel vor, wie die Aufsichtsräte mit ihrem Spielraum umzugehen haben. Je höher die Aussicht auf Erfolg bei einer Klage ist, desto gewichtiger müssen die Gründe sein, die Klage abzulehnen. Zudem besteht eine Korrelation zwischen der Schwere des Vergehens und den stichhaltigen Gründen, die vorliegen müssen um sich gegen die Verfolgung von Ersatzansprüchen zu entscheiden.[106] Diese Grundsatzentscheidung des BHGs gilt heute als Standard.

Geht der Aufsichtsrat seiner Pflicht nicht nach, so begibt er sich selber in die Gefahr der Haftung. Das heißt also, dass der Aufsichtsrat nun für den Schaden an der Gesellschaft haften muss, da dieser es unterlies, den Vorstand zur Rechenschaft zu ziehen.[107] Es kann jedoch zu schwereren Konsequenzen für den Aufsichtsrat kommen, als „bloß" die finanziellen Folgen. Eine strafrechtliche Verfolgung wegen Untreue gem. § 266 StGB ist ebenso denkbar.[108]

---

[105] Vgl. Hasselbach, Verzicht auf Schadensersatzansprüche gegenüber Organmitgliedern, 2010
[106] Vgl. Raguß, Der Vorstand einer Aktiengesellschaft, 2009, S.236 f.
[107] Vgl. Wellhöfer, Die Haftung von Vorstand, Aufsichtsrat und Wirtschaftsprüfer, 2008, S. 48
[108] Vgl. Roxin (Hrsg.), Untreue durch Aufsichtsratsmitglieder, o.J.

2.2.6. Folgen bei Verstößen gegen die Kapitalerhaltungspflicht

Die Missachtung der Pflicht der Kapitalerhaltung ist gem. § 93 AktG Abs. 3 ein besonders schweres Vergehen. Durch diese Einstufung ergeben sich daraus zwei Bedeutungen für den Aufsichtsrat. Erstens verschiebt sich die ohnehin schon umgekehrte Beweislast weiter zu Ungunsten des Aufsichtsrates. Das Gesetz geht davon aus, dass die Tatbestände, welche im betreffenden Paragraphen aufgeführt, sind für einen Schaden an der Gesellschaft Verantwortung tragen. Im Falle einer „normalen" Pflichtverletzung genießt der Vorstand eine Haftprivilegierung, d.h. er ist nur schadensersatzpflichtig, wenn er min. grob fahrlässig gehandelt hat. Bei besonderen Pflichtverletzungen haften die Verantwortlichen bereits bei nur leichter Fahrlässigkeit. Pflichtverstöße, welche eine solche gesonderte Handhabung nach sich ziehen, sind abschließend im Gesetz aufgelistet.

Das Aktiengesetz meint damit im Detail die Missachtung folgender Sachverhalte: [109]

- Die offene oder verdeckte Rückgewährung von Einlagen an Aktionäre i.S.d. § 57 Abs. 1 AktG. Einzig der Bilanzgewinn ist erlaubt ausbezahlt zu werden gem. § 58 Abs. 4 AktG. Jede andere finanzielle Zuwendung ist untersagt.

- Die Zahlung von Zinsen an die Aktionäre gem. § 57 Abs. 2 AktG fällt ebenso unter das gerade erwähnte Verbot. Aktionären steht lediglich die Verteilungssumme zu, welche laut Hautversammlung beschlossen wird.[110]

- Kauf, Zeichnung bzw. Inpfandnahme oder die Einbeziehung eigener sowie fremder Aktien in bestimmten Konzerngesellschaften die gem. § 56 AktG untersagt sind.

- Bei Inhaberaktien ist es laut § 10 Abs. 2 AktG nicht gestattet, Aktien auszugeben, bevor der Investor den vollen Betrag an die Gesellschaft gezahlt hat.

---

[109] Vgl. Peltzer, Die Haftung von Vorstand, Aufsichtsrat und Wirtschaftsprüfer, 2008, S. 566
[110] Vgl. Schmidt, Gesellschaftsrecht, 1991, S. 693

- Ebenso ist es untersagt, Gesellschaftsvermögen zu verteilen, ohne das eine ausdrückliche Erlaubnis dafür vorliegt (§ 116 AktG).
- § 92 Abs. 3 gibt an, dass sobald die AG für zahlungsunfähig erklärt wurde oder die Überschuldung festgestellt ist, keine Zahlungen mehr abgehen dürfen.
- Die Gewährung von unangemessener (§113 AktG) oder nicht durch Satzung bzw. Hauptversammlung festgelegten (§114 AktG) Vergütung an den Aufsichtsrat.
- Kredite an Aufsichtsratsmitglieder, Vorstände oder leitende Angestellte sind gem. den §§ .89 und 115 AktG verboten. Sofern eine Kreditgewährung satzungswidrig wäre, ist sie für jegliche Mitarbeiter der Gesellschaft untersagt.
- § 193 Abs. 2 AktG i.V.m. § 199 Abs. 1 AktG verbietet die bedingte Kapitalerhöhung außer zu dem festgelegtem Zweck sowie die Ausgabe von Bezugsaktien bevor die gesamte Gegenleistung erbracht wurde.[111]

Sollte es unangemessener Weise trotzdem zu einer Rückgewährung der erbrachten Leistungen an die Aktionäre kommen, so gilt § 62 AktG. Dieser Paragraph besagt, dass in diesem Falle die Aktionäre ihrerseits die empfangene Leistung an die Gesellschaft zurückgewähren. Ausnahme besteht bei Gutgläubigkeit, z.B. weil der Aktionär dachte es wären keine erbrachten Leistungen die ihm zurückgezahlt wurden, sondern sein Bilanzgewinn.[112] Zweck dieser, Vorschriften ist es, das Kapital der Gesellschaft zu schützen.[113]

2.3. Voraussetzungen für die Haftung des Vorstandes

Die Haftung eines jeden ordentlichen Vorstandsmitgliedes beginnt mit Amtsantritt und endet mit dem Amtsaustritt. Es kommt dabei nicht darauf an, ob sein Mandat mit Ablauf der Zeit endet oder seine Bestellung vorzeitig wider-

---

[111] Vgl. Peltzer, Die Haftung von Vorstand, Aufsichtsrat und Wirtschaftsprüfer, 2008, S. 567
[112] Vgl. Schmidt, Gesellschaftsrecht, 1991, S. 693
[113] Vgl. Peltzer, Die Haftung von Vorstand, Aufsichtsrat und Wirtschaftsprüfer, 2008, S. 567

rufen wird. Laut § 94 AktG haften zudem stellvertretende Vorstandsmitglieder ebenso wie gerichtlich bestellte i.S.d. § 85 AktG. Geschäftsleiter, die mit Wissen des Aufsichtsrates für die Gesellschaft tätig sind, sind ebenso haftbar zu machen, trotz nicht vorhandener bzw. fehlerhafter Anstellung als Vorstand der AG. Gleiches gilt, wenn der Geschäftsleiter mit Wissen der Aktionäre tätig ist.[114]

Der Haftungsmaßstab bei einem Vorstand(smitglied) bezüglich seiner Sorgfalt bei der Verrichtung seiner Geschäfte ist höher anzusetzen, als bei einem Einzelhandelskaufmann beispielsweise. Dies ist darin begründet, dass ein solcher Geschäfte in eigenen Namen und auf eigene Rechnung tätigt und somit seinem eigenem Unternehmen Schaden zufügen würde. Einen Vorstand kann man jedoch von der Art der Dienstleitung eher mit einem Treuhänder vergleichen, da beide fremde Vermögensinteressen vertreten. Zudem kann ein Vorstand ebenso nicht ohne weiteres mit der Haftung eines normalen Managers verglichen werden. Für gewöhnliche Arbeiternehmerverhältnisse sind die Maßstäbe nicht so hoch, außerdem gilt dort keine Organhaftung wie es beim Vorstand, sowie Aufsichtsrat, der Fall ist. Eine genaue Definition darüber, was zur Sorgfaltspflicht des Vorstandes gehört, ist schwer abzugeben. In der Vergangenheit wurde versucht diese Aufgabe über die Zielsetzung des jeweiligen Unternehmens abzuleiten, sowie über die Regelungen im Aktiengesetz. Die Schwierigkeit dabei ist jedoch, dass diese stets positiv formuliert sind. Sofern gegen eine dieser Normen verstoßen wird, liegt ganz klar eine Pflichtverletzung von seitens des Vorstandes vor. Ähnlich wie beim Aufsichtsrat, können aber andere Verhaltensweisen, welche nicht explizit aufgelistet sind, trotzdem Haftungsansprüche auslösen. Grundsätzlich ist man sich darüber einig, dass die Sorgfaltspflicht von vielen Faktoren abhängig ist. Dazu zählen die momentan konjunkturelle sowie politische Lage. Die Art des Unternehmens ebenso wie seine Größe und Mitarbeiterzahl, aber auch die jeweilige Aufgabe, die der Mandatsträger innehat. Ein Grundsatz ist allgemeingültig gem. § 93 AktG, dieser besagt, dass es die Angelegenheit des Vorstandes ist, die AG zum Wohle zu führen und Leid von dieser abzu-

---

[114] Vgl. Buchta, Vorstand der AG, 2005, S. 100

halten. Sinngemäß sagt dies ebenso die Richtlinie des DCGK aus, ohne jedoch näher zu spezifizieren.[115]

Die nachfolgende Abbildung zeigt kurz auf, welche fünf Voraussetzungen gegeben sein müssen, um eine Haftung auszulösen. Bezgl. der genauen Erläuterung der weiteren Anforderungen für die Haftung, wird auf Kapitel 2.1. „Voraussetzungen für die Haftung des Aufsichtsrates" verwiesen. Diese verhalten sich analog mit den Anforderungen für den Vorstand.

Abbildung 7: Haftungsvorrausetzungen Vorstand

2.4. Allgemeine Pflichten des Vorstandes

Gem. § 93 Abs. 2 AktG sind die Vorstandsmitglieder der Gesellschaft zum Ersatz des Schadens verpflichtet, sofern sie einen herbeiführen. Die Pflichten des Vorstandes sind im Gesetz niedergelegt, jedoch weiter konkretisiert im jeweiligen Anstellungsvertrag. Der Vorstand haftet sowohl für Verstöße gegen die gesetzliche, als auch bei vertraglichen Pflichten.[116] Weitere Verpflichtungen ergeben sich aus der Satzung bzw. aus der Geschäftsordnung. Die

---

[115] Vgl. Raguß, Der Vorstand einer Aktiengesellschaft, 2009, S.217 f.
[116] Vgl. Buchta, Vorstand der AG, 2005, S. 100 f.

Aufgaben des Vorstandes lassen sich in zwei Kategorien einteilen. Zum einem die allgemeinen Pflichten, zum anderen die besonderen. Die Besonderen werden in dem Kapitel 2.5. behandelt. Zu den allgemeinen Pflichten zählen die Treuepflicht, die Verschwiegenheitspflicht, sowie die Pflicht zu einer ordnungsgemäßen Geschäftsführung.[117]

2.4.1.　Treuepflicht des Vorstandes

Zu den zwingenden Obliegenheiten eines Vorstandes gehört die sog. Treuepflicht. Die allgemeine Treuepflicht kann nicht abstrakt definiert werden. Es kann je nach abgeleiteten Verhaltenspflichten unterschiedlich ausgelegt werden. Fakt ist jedoch, dass der Vorstand seinem Unternehmen gegenüber zur Loyalität verpflichtet ist. Konkret bedeutet dies, dass er seine Stellung im Unternehmen nicht für seine privaten Zwecke und Interessen ausnutzen darf. So darf er beispielsweise nicht den Azubi damit beauftragen, in seinem heimischen Garten Unkraut zu jäten. Bezieht der Vorstand dennoch Leistungen, ohne dass diese ausdrücklich in seinem Dienstvertrag geregelt sind, so macht er sich strafbar. Gem. § 246 StGB wegen Unterschlagung oder wegen Untreue i.S.d. § 266 StGB. Ebenfalls unter die Treuepflicht fällt das Wettbewerbsverbot gem. § 88 AktG.[118] Das Wettbewerbsverbot besagt, dass Mitglieder des Vorstandes nicht mit dem Unternehmen in Konkurrenz treten dürfen, für welches sie diese Tätigkeit ausüben. Ist ein Vorstand in einem Unternehmen tätig, welches Kosmetik herstellt, so ist es ihm nicht erlaubt in ein anderes Kosmetikunternehmen einzusteigen z.B. als Gesellschafter. Die Nichteinhaltung dieses Gesetzes löst laut § 88 Abs. 2 AktG Schadensersatzansprüche gegen das Vorstandsmitglied aus.[119] Einen erhöhten Stellenwert bekommt die Treuepflicht bei Übernahmesituationen, sog. take overs. Insbesondere beim Fall von Managment Buy-In oder in einen etwas geringeren Umfang beim Management Buy-Out, kann es leicht zu Interessenkonflikten kommen. Die Crux an der Sache des Management Buy-Ins ist, das der Vorstand sich in das Unternehmen einkaufen will. Er hat somit ein persönliches

---

[117] Vgl. Plück, Haftungsrisiken für Manager, 2004, S. 34
[118] Vgl. Plück, Haftungsrisiken für Manager, 2004, S. 43 f.
[119] Vgl. Buchta, Vorstand der AG, 2005, S. 101

Interesse daran, die Anteile des Unternehmens möglichst kostengünstig zu erwerben. Dies kollidiert jedoch direkt mit seiner Pflicht, für die Gesellschaft einen hohen Preis zu erzielen. Theoretisch ist es dem Vorstand jedoch verboten, sich von eigenen Interessen leiten zu lassen. Er muss stets das Wohl des Unternehmens an erste Stelle setzen. Führt man diesen Gedanken fort, beutetet es nichts anderes, als dass der Vorstand mit sich selber um den Preis für die Unternehmensanteile verhandeln muss, da er sowohl auf der Seite der Käufer, als auch auf der Seite der Verkäufer vertreten ist. Ob dies in der Praxis immer funktioniert ist zu bezweifeln. Es gilt im Allgemeinen der Grundsatz, dass solche Interessenkonflikte immer zu Gunsten der AG gelöst werden müssen. Die Auflösung zu Gunsten des Vorstandes oder anderen ist pflichtwidrig.[120]

2.4.2.   Verschwiegenheitspflicht des Vorstandes

Mit der Treuepflicht geht einher die Verschwiegenheitspflicht des Vorstandes. Gem. § 93 Abs. 1 AktG ist der Vorstand dazu verpflichtet, Stillschweigen über vertrauliche Daten und Betriebs- und Geschäftsgeheimnisse der Gesellschaft zu wahren. Das Verbot diese Dinge publik zu machen, gilt nach Ausscheiden des Vorstandes weiterhin. Verstößt ein Mitglied des Vorstandes gegen dieses Gebot, so macht dieses sich haftbar.[121] Bei börsennotierten AGs erstreckt sich die Verschwiegenheitspflicht zudem auf Insidergeschäfte i.S.d. §§ 12 ff. WpHG. § 14 WpHG verbietet zudem dritten Informationen bereitzustellen um diesem ein Insidergeschäft zu ermöglichen. Weiterhin hat der Vorstand im Rahmen seiner Kontrollpflicht dafür Sorge zu tragen, dass Angestellte des Unternehmens ihre Informationen nicht für Insiderhandel verwenden. Entsteht ein Schaden für die Gesellschaft, so ist er demzufolge verpflichtet, diesen zu ersetzen. Entsteht keiner, obwohl er gegen dieses Verschwiegenheitsanordnung verstoßen hat, kann es für ihn dennoch Folgen

[120] Vgl. Plück, Haftungsrisiken für Manager, 2004, S. 44.
[121] Vgl. Küpper-Dirks, Managerhaftung und D&O Versicherungen, 2002, S.12

haben, da er gem. § 84 Abs. 3 AktG von seinem Amt abberufen werden kann. [122]

2.4.3. Pflicht zur ordentlichen Geschäftsführung

Ebenfalls aus § 93 Abs. 1 AktG ergibt sich zudem die Pflicht, dass der Vorstand die ihm obliegende Geschäftsführung ordentlich ausführt.[123] Um diese zu gewährleisten, hat der Vorstand bei allen seinen Entscheidungen die vier Grundsätze: Ordnungsmäßigkeit, Rechtmäßigkeit, Zweckmäßigkeit, und Wirtschaftlichkeit zu beachten. Diese muss ebenso der Aufsichtsrat beherzigen. Im Kapitel 2.2.3.2. wurden diese Grundsätze bereits veranschaulicht. Ebenfalls zur ordnungsgemäßen Geschäftsführung gehört zudem ein sozialverträgliches Verhalten der einzelnen Mitglieder des Vorstandes untereinander. Sie sind sich aufgrund ihrer Rechtsstellung auch untereinander zur Treue verpflichtet. Konkret bedeutet das für die Amtsträger, dass sie sich gegenseitig in der Wahrnehmung ihrer Aufgaben unterstützen sollen und jegliche Tätigkeiten zu unterlassen haben, die die Arbeit eines anderen Vorstandsmitgliedes erschwert oder verhindert. Hierzu zählen auch Hinweise oder ähnliches über Risiken oder Chancen, die der Vorstand eines anderen Resorts womöglich nicht erkannt hat. Neben der Unterstützungspflicht gibt es zudem eine Unterrichtungspflicht. Jeder Vorstand ist verpflichtet, seinen Kollegen wesentliche Entwicklungen aus seinem Zuständigkeitsbereich sowie Vorgänge, die für die Gesellschaft wichtig sind, mittzuteilen. Weiterhin ist jedes Mitglied des Vorstandes verpflichtet, die Beschlüsse auszuführen, welche in den entsprechenden Gremien gefällt wurden. Ausgenommen sind Beschlüsse, die gegen Gesetze etc. verstoßen. Zu einer kollegialen Zusammenarbeit zählt ebenso, dass ein Vorstand Missstände bei seinen Amtskollegen bzw. der Gesellschaft zunächst versucht intern zu klären, bevor er Dritte von außen hinzuzieht. Zu dem Aufgabenkatalog der ordentlichen Geschäftsführung zählt zudem das Mitwirken der Vorstandsmitglieder an den Vorstandsbeschlüssen. Bei Entschließungen, die dem Einstimmigkeitsprinzip

---

[122] Vgl. Buchta, Vorstand der AG, 2005, S. 102
[123] Vgl. Hüffner, Aktiengesetz, 1999, S. 434

unterliegen, müssen alle Mitglieder des Vorstandes abstimmen, sofern in der Satzung oder Geschäftsordnung nicht eine abweichende Abrede getroffen wurde. Da es sich bei der Vorstandstätigkeit um eine höchstpersönliche Aufgabe handelt, kann sich das jeweilige Mitglied des Vorstandes nicht vertreten lassen. Ein Bote, der lediglich die Entscheidung übermittelt, ist erlaubt, sofern er an der Vorstandssitzung teilnehmen darf. Da fremden Dritten dies i.d.R. nicht gestattet ist, empfiehlt es sich einem anderen Teilnehmer des Vorstandes damit zu betrauen. Da insbesondere Leitungsentscheidungen häufig eine solche Einstimmigkeit des Beschlusses erfordern, empfiehlt es sich in der Satzung bzw. Geschäftsordnung jedoch gegenteilige Maßnahmen zu treffen um eine effizientere Geschäftsführung zu erlangen. Es wird sich auf ein Quorum geeinigt, also das nur eine bestimmte Mindestanzahl an Mitgliedern anwesend sein muss. Eine in der Praxis häufig gefundene Regelung ist, dass die Hälfte der Amtsträger des Vorstands der Sitzung beiwohnen muss. Diese Regelung ist nicht zu verwechseln mit einer „normalen" Mehrheit. In diesem Fall muss nicht eine bestimmte Anzahl an Teilnehmer anwesend sein, sondern lediglich die Mehrheit derer, die vor Ort sind, ihre Zustimmung geben. Ordentlich geladen sein müssen aber alle Vorstandsmitglieder. Von Gesetzes wegen ist der Vorstand nicht ausdrücklich dazu verpflichtet, im Gegensatz zum Aufsichtsrat, ein schriftliches Protokoll oder ähnliches über seine Beschlüsse anzufertigen. Grundsätzlich entspricht es jedoch der Sorgfaltspflicht diese Sitzungen und eventuelle dazugehörige Unterlagen zu dokumentieren. Schon aus eigenem Interesse ist es ratsam für den Vorstand dies zu tun um im Schadensfall vorweisen zu können, dass sorgfältig und gewissenhaft gearbeitet wurde um sich so zu exkulpieren.[124]

Ein spektakulärer Fall der Verfehlung von Vorständen hat in den letzten Jahren viel mediale Aufmerksamkeit erhalten. Es handelt sich dabei das Milliardendebakel der Bayern LB. Diese hatte im Jahre 2007 die österreichische Bank Hypo Alpe Adria erworben. Im Zuge der Finanzkrise im Jahr 2009 wurde die Hypo Alpe Adria dann zurückgegeben zu einem symbolischen Kaufpreis. Verlust für die Bayern LB waren 3,7 Milliarden €, die Bank benötigte Milliardenunterstützung vom Staat.[125] Durch die Rückgabe der Bank an die

---

[124] Vgl. Wellhöfer, Die Haftung von Vorstand, Aufsichtsrat und Wirtschaftsprüfern, 2008, S. 147 ff.
[125] Vgl. Kamp, Schlammschlacht vor Gericht, 2013

Österreicher war der Ärger mit diesem Geschäft jedoch noch lange nicht vorbei. Es wurden zwei Verfahren eröffnet, zum einem der sehr medienwirksame strafrechtliche Prozess gegen den damaligen Vorstandsvorsitzenden der Bayern LB sowie sieben seiner damaligen Vorstandskollegen. Dieses Verfahren wurde von der Staatsanwaltschaft eingeleitet und wirft der Anklagebank Untreue i.S.d. § 266 StGB sowie Bestechung gem. § 334 StGB vor.[126] Im Verlauf des Prozesses wurde gegen alle Angeklagten bis auf den damaligen Vorstandsvorsitzenden, sowie seinen Vize, das Verfahren eingestellt. Das Gericht urteilte schließlich, dass der ehemalige Vorsitzende nur wegen Bestechung, nicht wegen Untreue zu einer Bewährungshaft verurteilt wird. Gegen den Vizevorstandsvorsitzenden wurde gegen eine Geldauflage das Verfahren zum Schluss ebenso eingestellt.[127] Die Entwicklung im strafrechtlichen Verfahren heißt jedoch nicht, dass der ehemalige Vorstand sich auch im zivilrechtlichen Verfahren exkulpieren kann und somit dem Schadensersatz gegenüber dem Unternehmen entgeht. Dies ist ein separater Prozess, in dem es darum geht, ob der damalige Vorstand seine Sorgfaltspflicht verletzt hat, als er die Hypo Alpe Adria kaufte oder ob es in seinem ihm zustehenden unternehmerischen Ermessensspielraum gefallen ist. Die Bayern LB will die ehemaligen Vorstände in Regress nehmen und 200 Millionen € von ihnen als Schadensersatz fordern. Die Bank war der Auffassung, dass die verantwortlichen Vorstandsmitglieder ihrer Sorgfaltspflicht nicht ausreichend nachgekommen waren und es unterlassen wurde, genaur Prüfungen über die finanzielle Situation der Hypo Alpe Adria vorzunehmen. Warnsignale, die es im Vorfeld gegeben hatte, wurden ignoriert. Für den Schaden, den dieses Verhalten der Bayern LB verursacht hat sollen die Vorstände nun persönlich haften. Es besteht zwar eine D & O Versicherung, aber diese deckt maximal 105 Millionen € ab, sofern sie überhaupt zum Einsatz kommt. Dies ist fraglich, denn die D & O Police kann die Zahlung verweigern sofern die Vorstände das Versicherungsunternehmen bei der jährlich üblichen Vertragsverlängerung nicht über neue Risiken aufgeklärt hatten.[128] Wären die Vorstände schuldig ihre Pflicht ihm Rahmen ihrer Vorstandtätigkeit verletzt zu haben, müssten sie immer noch eine Haftungssumme in Höhe von 95

---

[126] Vgl. Peitsmeier, Der Skandal der Hypo Alpe Adria, 2013
[127] Vgl. ManagerMagazine Online (Hrsg.), Ex Bayern LB Chef Schmidt erhält Bewährungsstrafe, 2014
[128] Vgl. Tödtmann, Hinter verschlossenen Türen, 2011

Millionen € aufbringen, selbst wenn die Versicherung ihren Anteil voll deckt. Das zivilrechtliche Verfahren wurde 2011 eröffnet und ist bis jetzt nicht abgeschlossen.[129] Gleich welchen Ausgang es nehmen wird, die Bayern LB wird auf einem erheblichen Teil des Schadens sitzenbleiben.

2.5. Besondere Pflichten des Vorstandes

Neben den zuvor erläuterten allgemeinen Pflichten des Vorstandes, obliegen ihm ebenso besondere Pflichten. In den Kapiteln 2.5.1 bis 2.5.4 werden diese dargelegt.

2.5.1. Pflichten bei Gründung der Gesellschaft

Schon bevor die AG als solche rechtskräftig entstanden ist, kann es zu Pflichtverletzungen des Vorstands kommen. Während der Gründungsphase gelten i.V.m. § 48 AktG bereits die §§ 93 sowie 116 AktG. In dieser Zeit muss der zukünftige Vorstand sich also bereits an die Haftungsmaßstäbe der Sorgfalt und Verantwortlichkeit halten, obwohl er formal noch nicht zum Vorstand berufen wurde. Verstoßen sie gegen entsprechende Paragraphen machen sie sich schadensersatzpflichtig. Der hauptsächliche Sinn dieser Vorschrift besteht darin, die Kapitalaufbringung für die Gesellschaft zu gewährleisten.[130]

2.5.1.1. Handelndenhaftung

Für solche Fälle wurde vom Gesetzgeber die sog. Handelndenhaftung eingeführt. Gem. § 41 Abs. AktG haften die Schuldner in dem Fall persönlich für

---

[129] Vgl. Handelsblatt (Hrsg.) Prozess gegen Ex-Vorstand Gribkowsky eingestellt, 2014
[130] Vgl. Hüffner, Aktiengesetz, 1999, S.232

alle Verbindlichkeiten, welche diese eingegangen sind. Diese Haftung gilt in der Phase, in der sich die Gesellschaft in der Gründung befindet. Betroffen sind diejenigen Personen, die bereits vor der Gründung im Namen der potenziellen Gesellschaft tätig werden. Die Handelndenhaftung beschränkt sich somit nicht auf den Vorstand, traditionellerweise ist es jedoch der Vorstand bzw. seine Mitglieder die in diesem Sinne handeln. Wann diese spezielle Form der Haftung endet, ist im Aktiengesetz nicht explizit dargelegt. Nach herrschender Meinung endet sie i.d.R. mit der Eintragung der AG ins Handelsregister, da die Gesellschaft nun eine eigenständige juristische Person ist. Diese Regelung im Gesetz ist jedoch dispositiv, es kann also mit dem jeweiligen Vertragspartner abgeklärt werden, so dass diese Haftung nicht greift. Ist keine entsprechende Abmachung erfolgt, müssen folgende drei Bedingungen erfüllt sein, um den Vorstand haftbar zu machen. Zum einem muss es sich um eine rechtsgeschäftliche Tätigkeit handeln. Zum zweiten muss es klar sein, dass die betroffene Person im zukünftigen Namen der AG handelt, und nicht im eigenen Namen, oder dem Dritter. Schlussendlich muss das Agieren erfolgt sein, bevor die Gesellschaft eingetragen wurde.[131] Treffen alle drei dieser Bedingungen zu, so kann der designierte Vorstand dafür zur Rechenschaft gezogen werden.

Neben der omnipräsenten Sorgfaltspflicht gibt es noch eine Reihe weiterer Aufgaben mit denen der Vorstand während der Zeit vor der offiziellen Gründung betraut ist. Die AG ist zu diesem Zeitpunkt noch eine Vor-AG. Die Bestellung des ersten Vorstandes erfolgt bereits in diesem frühen Stadium, da gem. § § 33, 36 AktG neben dem Aufsichtsrat ebenso der Vorstand dringend benötigt wird, um die Handlungsfähigkeit des Unternehmens zu gewährsleisten. Mögliche Tatbestände bei der Unternehmensgründung sind folgende:

- Das Kreditinstitut, oder eine andere Stelle zur Einzahlung der Aktien, muss für den Zweck geeignet sein und zudem dem Vorstand zur vollen sowie zur freien Verfügung stehen. Dies ist in § 48 AktG niedergeschrieben.

- § 33 Abs. 1 AktG gibt zudem vor, dass der Vorstand dazu verpflichtet ist, den Gründungsbericht zu prüfen.

---

[131] Vgl. Raguß, Der Vorstand einer Aktiengesellschaft, 2009, S.272

- Gem. § 34 AktG gehört es weiterhin zum Aufgabenbereich, bei einer Sachgründung, die Sacheinlagen wertmäßig zu erhalten.
- In den §§ 36 AktG ff. ist zudem die Pflicht begründet, dass der Vorstand die Gesellschaft formell für die Eintragung ins Handelsregister anmelden muss.

2.5.1.2. Konsequenzen bei Verstoß gegen die Pflichten bei Gründung der AG

Begeht ein Mitglied des Vorstandes einen Verstoß gegen die aufgeführten Pflichten, so macht er sich schadensersatzpflichtig. Diese Haftung gilt insbesondere für den Ersatz von entweder überhaupt nicht geleisteten bzw. untergegangenen Einlagen, sowie die Wiedergutmachung von Schäden wegen unzureichender Gründungsprüfung. Es gilt die gesamtschuldnerische Haftung sowohl untereinander, wie auch mit den Gründern sowie den Gründergenossen.[132]

2.5.2. Cash-Pooling

Zweck der Kapitalerhaltungspflicht ist es, durch Aufbringung bzw. Erhalt des Grundkapitals die Gesellschaft zu sichern. In Bezug auf die allgemeine Kapitalerhaltungspflicht gilt analog das, was in Kapitel 2.2.6. zur Haftung des Aufsichtsrates erläutert wurde. In diesem Kapitel wird zusätzlich auf einen Bestandteil der Kapitalerhaltungspflicht eingegangen, das sog. Cash-Pooling.

2.5.2.1. Systematik beim Cash-Pooling

Cash-Pooling ist eine in internationalen Konzernen weit verbreitete Art der Finanzierung. Zu diesem Zweck werden liquide Mittel von den Töchtern des

---

[132] Vgl. Wellhöfer, Die Haftung von Vorstand, Aufsichtsrat und Wirtschaftsprüfern, 2008, S. 207 f

Unternehmens, bei der Muttergesellschaft gebunden. Diese werden dann als Liquiditätsinstrument für den gesamten Konzern verwendet. Bei Bedarf werden also liquide Mittel an die Töchter vergeben. Als rechtliche Basis für diese Art von Geschäft dient ein Darlehen, dass sich die Konzernbeteiligten untereinander gewähren. Man unterscheidet dabei zwei Arten. Leiht sich die Mutter von der Tochter Geld, so bezeichnet man dies als upstream loan. Im umgekehrten Fall, wird es als sog. downstream loan betitelt.[133] Insbesondere für große Konzerne bietet das Cash-Pooling Vorteile. Es werden keine hohen Zinszahlungen fällig, da im Normalfall kein weiteres Fremdkapital aufgenommen werden muss, sondern die Versorgung mit Kapitalmitteln durch den Konzern gedeckt ist. Zudem ist der Konzern so autark und nicht auf Kreditgeber angewiesen. Nur falls der gesamte Konzern Bedarf an Liquidität hat, muss eventuell Kapital von außen akquiriert werden.[134]

Die folgende Grafik verdeutlicht, wie die Struktur beim Cash-Pooling angelegt ist. Alle flüssigen Geldmittel werden auf einem zentralen Konto, das i.d.R. von der Konzernmutter verwaltet wird, gesammelt. Derjenige der momentan Fungibilität benötigt, erhält diese in Form eines Darlehens.

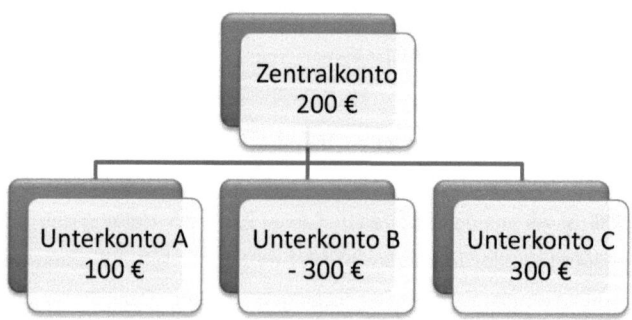

Abbildung 8: Cash-Pooling

Die Entscheidung, ob ein Konzern überhaupt ein Cash-Pooling System einsetzt, obliegt dem Vorstand als Teil seiner Geschäftsleitungstätigkeit. Tendenziell wird die Meinung vertreten, dass Geschäfte von besonderer Wichtigkeit, zu denen die Entscheidung über Cash-Pooling gehört, jedoch vom ge-

---

[133] Vgl. Manz, die Aktiengesellschaft, 2014, S. 485
[134] Vgl. Wellhöfer, Die Haftung von Vorstand, Aufsichtsrat und Wirtschaftsprüfern, 2008, S. 211

samten Vorstandsplenum entschieden werden müssen. Dem Finanzvorstand allein die Entscheidungsgewalt zu übertragen, ist nach mehrheitlicher Meinung also nicht möglich.[135]

2.5.2.2. Risiken beim Cash-Pooling

Upstream loans bergen ein erhöhtes Risiko für den Vorstand. Im Falle eines nicht werthaltigen Darlehens besteht gem. § 57 AktG der Verdacht auf eine nicht gestattete Eigenlagenrückzahlung. Ist dies Tatsache, macht sich der Vorstand i.S.d. § 93 i.V.m. § 116 AktG haftbar. Bei wertehaltigen Darlehen hingegen, hat der Vorstand in Zusammenarbeit mit dem Aufsichtsrat sicherzustellen, dass das Kreditrisiko ständig überwacht wird, dies entschied der BGH im sog. MPS-Urteil aus dem Jahre 2008. Auf etwaige Verschlechterungen im Kreditrisiko, insbesondere nach Darlehensauszahlung, muss umgehend reagiert werden. Es muss bei einer Zuspitzung der Lage nach geeigneten Sicherheiten des Schuldners gefordert werden bzw. im Extremfall der Kredit gekündigt werden. Um eine solche fortwährende Kontrolle wahrnehmen zu können, muss ein Frühwarnsystem zwischen Mutter- sowie Tochtergesellschaft eingerichtet werden. Wird die Installation eines solchen Warnsystems nicht durchgeführt bzw. unterbleiben Konsequenzen bei Anzeichen einer Bonitätsverschlechterung, so macht sich der Vorstand schadensersatzpflichtig. Zudem darf der Vorstand keinen Kredit an die Muttergesellschaft gewähren gem. § 92 Abs. 2 AktG, wenn die Tochter selber die liquiden Mittel benötigen würde. Führt diese Darlehensvergabe der Tochtergesellschaft zur Insolvenz und war dies bei Kreditgewährung bereits zu antizipieren, so ist der Vorstand der Gesellschaft zur Entschädigung des entstandenen Verlustes verpflichtet.[136]

---

[135] Vgl. Kremslehner, Cash-Pooling, 2004, S. 148
[136] Vgl. Manz, die Aktiengesellschaft, 2014, S. 485

2.5.3.   Pflicht zur ordnungsgemäßen Buchführung

Jede Aktiengesellschaft ist zur ordnungsgemäßen Buchführung verpflichtet. Diese Verbindlichkeit ergibt sich aus § 6 Abs. 1 HGB i.V.m. § 3 Abs. 1 AktG, die darlegt, dass die AG als Formkaufmann deklariert ist und somit Buch über die Lage des Vermögens sowie über die Handelsgeschäfte führen muss. Bereits als Vor-AG besteht die Pflicht der Buchführung. Dies ergibt sich daraus, dass nicht erst mit dem formellen Entstehen, sondern bereits mit der Ausgabe der Aktien, die ersten Forderungen des Unternehmens entstanden sind.[137] Da die Buchführung eine Leitungsaufgabe des Vorstandes ist, kann sie nicht delegiert werden. Selbstredend bedeutet das nicht, dass der Vorstand nun die Buchführung selber physisch durchführen muss. Vielmehr ist es seine Aufgabe, die Führung der Handelsbücher von geeignetem Personal ausüben zu lassen und dafür zu sorgen, dass diese ihren Aufgaben sorgfältig nachkommen. D.h. sie beachten die Grundsätze der ordnungsgemäßen Buchführung. Dies ist dargelegt in § 91 Abs. 1. Ob eigenes Personal damit betraut oder die Buchführung outgesourced wird, ist die freie Entscheidung der Verantwortlichen. Für welche Variante sich der Vorstand auch entscheidet, ist es seine unverzichtbare Pflicht die Buchführung regelmäßig zu kontrollieren. Es reicht nicht aus, einmal im Jahr den Abschlussbericht zu überprüfen. Für die Überwachung darf der Vorstand Sachverständige einschalten, seine Kontrollpflicht ist jedoch mit dem Beauftragen rein dieser Sachverständigen nicht abgegolten. Zudem muss der Vorstand allzeit in die Buchführung eingreifen können um Mängel oder ähnliches abzustellen. Dies gilt bei interner als auch externer Buchführung.[138]

Die Buchführung dient dem Sinn, dass die Geschäftsvorfälle des Unternehmens gut dokumentiert sind. Um dies zu gewährleisten, besteht nicht nur die Plicht zum Führen der Handelsbücher, sondern es besteht zudem eine Aufbewahrungspflicht der Unterlagen gem. §§ 257 ff. HGH. Konkret bedeutet dies für die Mandatsträger, dass sie den Jahresabschluss von sämtlichen Mitgliedern des Vorstandes sowie den Stellvertretern unterzeichnen lassen müssen, gem. § 245 HGB. Ferner gebietet § 238 HBG, dass eine mit der

---

[137] Vgl. Wellhöfer, Die Haftung von Vorstand, Aufsichtsrat und Wirtschaftsprüfern, 2008, S. 218
[138] Vgl. Kort, Aktiengesetz, 2008 S 417 f.

Unterschrift übereinstimmende Wiedergabe von entsandten Handelsbriefen beim Vorstand verbleiben muss. Unter die Aufbewahrungspflicht i.S.d. § 257 HBG fallen Handelsbücher, Eröffnungsbilanzen, Inventare, Lageberichte, Jahresabschlüsse, Konzernabschlüsse sowie Konzernberichte und sonstige Unterlagen oder Arbeitsanweisungen, die zum Verständnis oder zur Organisation von Nöten sind. Neben diesen Unterlagen müssen weiterhin die empfangenen Handelsbriefe, sowie abgesandte Handelsbriefe und Belege von Buchungen, verwahrt werden. Der Vorstand macht sich schadenersatzpflichtig wenn er gegen die Buchführungspflicht selber verstößt, z.b. kein geeignetes Personal einstellt. Ebenso jedoch, wenn er gegen seine Überwachungspflicht verstößt, wie beispielsweise die regelmäßige Prüfung der Unterlagen vernachlässigt.[139]

Eine ordnungsgemäße Buchführung ist von besonderer Wichtigkeit, da sie dem Vorstand als Informationsquelle darüber dient, wie die Geschäfte der Gesellschaft laufen. Nur wenn dieser darüber Bescheid weiß, ist es ihm möglich, die Gesellschaft nach besten Wissen und Gewissen zu leiten, sowie die Geschäfte zu führen. Zudem erfüllt die Führung der Handelsbücher den Zweck des Anleger- bzw. Gläubigerschutzes, wenngleich es nicht den Stellenwert eines Schutzgesetzes i.S.d. § 823 Abs. 2 BGB hat. Für die Gläubiger hat dies den Nachteil, dass sie nicht direkt den Vorstand verklagen können, wenn die Grundsätze ordnungsgemäßer Buchführung nicht eingehalten werden.[140] Sollte es zu einer Insolvenz der Gesellschaft kommen und die Buchführungspflichten wurden verletzt, so kann dies sogar strafrechtliche Konsequenzen für den Vorstand nach sich ziehen gem. §§ 283 ff. StGB.[141]

2.5.4.   Pflichten im Insolvenzfall

In § 91 Abs. 2 AktG wird dem Vorstand, wie bereits in Kapitel 2.2.3.4 erwähnt, aufgetragen, ein Frühwarnsystem einzurichten, um potenzielle Unternehmenskrisen zu identifizieren und möglichst abzuwehren. Es ist ihre Auf-

---

[139] Vgl. Wellhöfer, Die Haftung von Vorstand, Aufsichtsrat und Wirtschaftsprüfern, 2008, S. 219
[140] Vgl. Raguß, Der Vorstand einer Aktiengesellschaft, 2009, S.70
[141] Vgl. Wellhöfer, Die Haftung von Vorstand, Aufsichtsrat und Wirtschaftsprüfern, 2008, S. 220

gabe, sich der Situation des Unternehmens bewusst zu sein, Vorkehrungen zu treffen, dass die Gesellschaft fortbesteht und den Aufsichtsrat regelmäßig über die Geschäfte zu informieren. Trotz dieser Maßnahmen, kann es zur (drohender) Insolvenz bei der Gesellschaft kommen.[142] Das Gesetz definiert den Insolvenzfall folgendermaßen: Es muss eine Zahlungsunfähigkeit des Unternehmens eingetreten sein, oder diese muss drohen bzw. die AG muss überschuldet sein. In diesem Fall ist es die Pflicht eines jeden Vorstandes einen Insolvenzantrag zu stellen gem. § 15a Insolvenzordnung. Dieser Insolvenzantrag sollte ohne schuldhaftes Verzögern seitens des Vorstandes gestellt werden, allerspätestens jedoch drei Wochen nachdem die Zahlungsunfähigkeit bzw. die Überschuldung des Unternehmens eingetreten ist.[143]

Der Begriff der Zahlungsunfähigkeit wird in § 17 Abs. 2 InsO erläutert. Sofern es der Schuldner nicht schafft, seine fälligen Zahlungspflichten nachzukommen, wird ihm die Zahlungsunfähigkeit unterstellt. Es wird davon ausgegangen, dass ein Schuldner zahlungsunfähig ist, sofern Betreffender seine Zahlungen eingestellt hat. Ein klarer Indikator, ob Zahlungsunfähigkeit vorliegt oder nicht, ist eine Gegenüberstellung der erforderlichen Zahlungen im Vergleich zu den kurzfristigen Zahlungsmitteln. Laut Urteil des BGHs aus dem Jahre 2005 ist Zahlungsunfähigkeit dann gegeben, wenn im Verlauf der nächsten drei Wochen, der Schuldner nicht wenigstens 90% seiner fälligen Zahlungen begleichen kann. Gem. § 18 InsO kann bereits bei einer drohenden, aber noch nicht eingetretenen, Zahlungsunfähigkeit der Gesellschaft ein Insolvenzantrag gestellt werden. Dies kann geschehen, wenn davon auszugehen ist, dass das Unternehmen seine Verbindlichkeiten zum fälligen Zeitpunkt voraussichtlich nicht begleichen kann. Grund für die „freiwillige" Insolvenz, also bevor es von Gesetz wegen nötig wird, ist es unnötigen Werteverlust des Unternehmens zu unterbinden. I.S.d. § 19 Abs. 2 InsO spricht man von Überschuldung in dem Falle, dass das Vermögen der AG geringer ist als die Verbindlichkeiten. Erscheint es als wahrscheinlich, dass die Gesellschaft fortbesteht, so ist dies bei der Bewertung des Vermögens der AG zugrunde zu legen. Im Umkehrschluss bedeutet dies ebenso, dass, wenn eher davon auszugehen ist, dass das Unternehmen Konkurs gehen wird dies in der Be-

---

[142] Vgl. Niering, Wege durch die Unternehmenskrise, 2004, S. 13 f.
[143] Vgl. Raguß, Der Vorstand einer Aktiengesellschaft, 2009, S.78 f.

messung des Wertes ebenfalls berücksichtigt werden muss. Bei der Liquidie-
rung des Unternehmens wird i.d.R. ein geringerer Preis erzielt als bei „normalen" verkaufen. Überschuldung kann relativ schnell abgewendet werden,
sofern der AG neues Kapitel zugeführt wird.[144]

2.6. Verjährung der Schadensersatzansprüche

Laut Gesetz verjähren Schadensersatzansprüche i.S.d. § 93 AktG gegen den
Vorstand gem. § 93 Abs. 6 AktG nach fünf Jahren.[145] Dies gilt analog für den
Aufsichtsrat. Dieser Zeitraum ist vertraglich nicht verhandelbar, es kann also
kein kürzerer oder längerer Zeitraum zur Verjährung festgesetzt werden.
Diese Frist erstreckt sich, nach überwiegender Meinung, gem. § 280 Abs. 1
BGB auch auf diejenigen Ansprüche, welche sich aufgrund von positiven
Vertragsverhältnissen aus dem Anstellungsvertrag ergeben. Der BGH hat in
einer Grundsatzentscheidung geurteilt, dass die Verjährung ab dem Zeit-
punkt beginnt, an dem der Schaden entstanden ist.[146] Es kommt nicht darauf
an, dass Kenntnis von dem Schaden besteht, sondern lediglich, dass der
Anspruch im Wege einer Klage geltend gemacht werden könnte. Auf eine
komplette Abgeschlossenheit des Schadens kommt es hingegen nicht an.[147]
Eine Abweichung von dieser Regel gilt in dem Falle, dass ein Mitglied des
Vorstandes in ein verbotenes Wettbewerbsverhältnis mit der Gesellschaft
getreten ist, bei welcher er angestellt ist. Gibt es ein solches verbotenes
Wettbewerbsverhältnis, dann verjähren die Ansprüche bereits drei Monate
nachdem die Kollegen im Vorstand oder Aufsichtsratsmitglieder Kenntnis
über diesen Regelverstoß haben. Selbiges gilt, wenn sie unter normalen
Umständen Kenntnis von dem Vorfall hätten erlangen müssen und nur aufgrund von grober Fahrlässigkeit ihrerseits dies nicht geschah. Fünf Jahre
nachdem der Anspruch entstanden ist, ist er laut § 88 Abs. 3 AktG spätestens verjährt, gleichgütig ob davon Kenntnis erlangt wurde oder nicht. Die
Ansprüche, welche sich aus dem §§ 823 ff. BGB ergeben, sind nicht an die

---

[144] Vgl. Schirmer, Krise, Insolenz, was nun, 2010, S. 31. ff.
[145] Vgl. Hüffner, Aktiengesetz, 1999, S. 434
[146] Vgl. Wellhöfer, Die Haftung von Vorstand, Aufsichtsrat und Wirtschaftsprüfern, 2008, S. 45 f.
[147] Vgl. Hüffner, Aktiengesetz, 1999, S. 447

Verjährungsfrist des § 93 AktG gekoppelt. Diese Forderungen laufen mit der jeweils im BGB angegeben Frist aus. [148]

2.7.　Zwischenfazit Haftung im Innenverhältnis

Nun erfolgt ein Zwischenfazit um kurz zu rekapitulieren, was die Quintessenz aus Kapitel zwei ist. Es kann festgestellt werden, dass die Kontrolle des Vorstandes in seiner Tätigkeit als geschäftsführendes Organ weiterhin die wichtigste, unabdingbarste und nicht delegierbare Aufgabe des Aufsichtsrates ist. Das Essentialium bei dieser Obliegenheit liegt in der Beschaffung der relevanten Informationen. Der Aufsichtsrat hat dabei in Zusammenarbeit mit dem Vorstand dafür Sorge zu tragen, dass die Informationsversorgung reibungslos funktioniert. Die Beratung, sowie kritische Hinterfragung und notfalls auch Ablehnung der Geschäftsidee des Vorstands gehört jedoch ebenso zu der Überwachungspflicht für einen modernen Aufsichtsrat. Bei der Festlegung eines angemessenen Entgeltes für den Vorstand, hat der Aufsichtsrat insbesondere darauf zu achten, stets das Wohle der Gesellschaft im Auge zu behalten. Es ist ratsam, sich an den Leitlinien des DCGK zu orientieren, insbesondere was die Zusammensetzung der variablen und fixen Bestandteile der Vergütung anbelangt. Spätestens seit der viel zitierten ARAG/Garmenbeck Entscheidung ist es zudem die Pflicht des Aufsichtsrats unabhängig von persönlichen Befindlichkeiten, Ansprüche der Gesellschaft gegenüber dem Vorstand zu verfolgen. Da der Aufsichtsrat die AG rechtlich vertritt, ist es seine Aufgabe, immer im Interesse des Unternehmens zu handeln. Erhöhtes Augenmerk muss der Aufsichsrat zudem auf seine Aufgabe, das Kapital der Gesellschaft zu erhalten, richten. Dies ist für ihn von besonderer Bedeutung, da es sich um ein Vergehen mit besonderer Schwere handelt, was für den Aufsichtsrat konkret bedeutet, dass die Haftprivilegierung aufgehoben wird. Der Aufsichtsrat muss alle diese neuen, sowie alten Rechte und Pflichten mit der gebotenen Sorgfalt erledigen, sofern er keine Haftungsansprüche gegen sich selbst auslösen möchte.

---

[148] Vgl. Wellhöfer, Die Haftung von Vorstand, Aufsichtsrat und Wirtschaftsprüfern, 2008, S. 45 f.

Es kann bzgl. der Pflichten des Vorstandes in allgemeine und besondere Pflichten unterteilt werden. Die allgemeinen Pflichten umfassen zum einem die Treuepflicht mit integriertem Wettbewerbsverbot. Die Verschwiegenheitspflicht, sowie die Pflicht zur ordnungsgemäßen Geschäftsführung gehören ebenso dazu. Es gibt einige Fälle, in denen die Mitglieder des Vorstandes in einen Gewissenkonflikt geraten können. Es ist jedoch ihre Pflicht, immer zu uneingeschränkten Gunsten der Gesellschaft zu handeln. Mit anderen Lösungen läuft der Vorstand Gefahr, sich schadensersatzpflichtig zu machen.

Zudem bestehen die Pflichten des Vorstandes bereits, wenn die Gesellschaft noch nicht rechtskräftig ins Handelsregister eingetragen ist, sondern sich noch in der Gründungsphase befindet. In Bezug auf die Kapitalerhaltungspflicht des Vorstandes gilt grundsätzlich dasselbe wie beim Aufsichtsrat. Der Vorstand muss jedoch beim Cash-Pooling zusätzliche Vorschriften beachten.

Es gehört zudem zum Aufgabenkreis der Vorstandsmitglieder zu gewährleisten, dass die Grundsätze ordnungsgemäßer Buchführung in der Gesellschaft eingehalten werden. Wie genau sie dies gewährleisten, ist größtenteils ihnen überlassen, aber egal wen sie sich zur Hilfe holen, die Verantwortung verbleibt bei ihnen. Im Falle einer Insolvenz, hat der Vorstand von Gesetz wegen einen gewissen Handlungsspielraum bezüglich des Zeitpunktes des Stellen des Insolvenzantrages. Im Hinblick auf sein persönliches Wohlergehen und den Differenzschaden, ist es jedoch ratsam, diesen Antrag eher früher als später zu stellen.

Jede Verfehlung des Aufsichtsrates und/oder Vorstandes kann jedoch nur eine gewisse Zeit lang juristisch verfolgt werden. Die Verjährung sichert zu, dass nach Ablauf der im Gesetz verankerten Frist keine Ansprüche mehr geltend gemacht werden können.

Generell kann festgehalten werden, dass insbesondere durch die vermehrten Grundsatzentscheidungen des BGHs sich die Haftung gegenüber der Gesellschaft für den Aufsichtsrat, und in geringerem Maße ebenso für den Vorstand, verschärft hat. Dies hat dazu geführt, dass sich der Vorstand und speziell der Aufsichtsrat professionalisiert haben.

3. Haftung gegenüber Dritten (Außenverhältnis)

Kapitel drei beschäftigt sich mit der Haftung von Aufsichtsrat und insbesondere Vorstand im Außenverhältnis. D.h. in diesem Fall muss der Aufsichtsrat oder Vorstand für Schäden haften, die nicht an der AG selber, sondern an Dritten entstanden sind. Die Außenhaftung bedeutet, dass die Mitglieder des Aufsichtsrates und/oder Vorstandes persönlich für Verfehlungen, die sie im Rahmen ihrer beruflichen Tätigkeit für das Unternehmen begangen haben, haftbar gemacht werden. Jegliche Ansprüche der Gesellschaft selber fallen unter das Innenverhältnis. Im Außenverhältnis handelt es sich ausschließlich um Personen, welche nicht (unmittelbar) mit dem Unternehmen verflochten sind. Die größte Anspruchsgruppe in diesem Zusammenhang sind die Aktionäre der AG, aber auch Gläubiger können je nach Tatbestand Ansprüche geltend machen.

Zunächst wird im ersten Unterpunkt auf die Außenhaftung in Bezug auf den Aufsichtsrat eingegangen. Für den Aufsichtsrat ist die Außenhaftung jedoch weit weniger bedeutsam, als die im Innenverhältnis. Die verschiedenen Gründe dafür sollen dargelegt werden. Weiterhin werden die Haftungsansprüche, die dennoch von anderen als der Gesellschaft selber gegen den Aufsichtsrat erhoben werden können, erläutert. Für den Vorstand hat die Außenhaftung etwas höhere Bedeutung, jedoch gilt auch hier die Innenhaftung als Regelfall. Die Ursachen dafür werden in den betreffenden Unterpunkten erschlossen. Zuletzt erfolgt ein Zwischenfazit um die Erkenntnisse nochmals kurz zusammenzufassen.

3.1.   Haftung des Aufsichtsrates im Außenverhältnis

Es gibt keinen abschließenden Pflichtenkatalog, in dem genau aufgeführt ist, welche Pflichtverletzungen zu einem Anspruch von Aktionären oder anderen führen können. Deswegen muss im Moment auf Darstellung von bisherigen Haftungsfällen zurückgegriffen werden.[149]

3.1.1. Gesetzliche Grundlagen

Für die Außenhaftung gelten nicht dieselben gesetzlichen Grundlagen wie für die Innenhaftung, welche in den §§ 93 sowie 116 AktG geregelt ist. Ganz im Gegensatz zur Haftung gegenüber der Gesellschaft, ist die Rechtslage bei der Außenhaftung des Aufsichtsrates recht unübersichtlich und zerpflückt. Dies macht es für die Betroffenen nicht einfacher ihre Ansprüche durchzusetzen. Zudem sind die Anforderungen, die erfüllt sein müssen, damit sich der Aufsichtsrat dem Schadensersatz gegenüber Dritten schuldig macht, höher als dies im Innenverhältnis der Fall ist. Fahrlässigkeit reicht demnach nicht aus, sondern dem Aufsichtsrat muss zumindest ein bedingter Vorsatz nachweisbar sein. Zudem gilt hier nicht die umgekehrte Beweislast, sondern die „normale" zivilrechtliche Beweislast. Im Gegensatz zur Haftung im Innenverhältnis bedeutet dies, dass der Aufsichtsrat nicht seine Unschuld beweisen muss, sondern der Anspruchssteller muss vielmehr seine Schuld belegen. Weiterhin haben Privatpersonen ein weiteres Problem, ganz unabhängig von der gesetzlichen Lage, und zwar die Kostenfrage. Sofern ein Unternehmen Ansprüche durchsetzen möchte gegen seinen Aufsichtsrat, ist es meist kein größeres Problem die Anwaltskosten, Prozesskosten etc. zu bedienen. Bei einer oder auch mehreren Privatpersonen, die sich als Geschädigte zusammenschließen, kann das jedoch zu einem (unüberwindbaren) Hindernis werden, denn selbst wenn der Geschädigte gewinnt, muss er den Prozess vorfinanzieren.[150]

Beim Aufsichtsrat kommt zudem erschwerend hinzu, dass er aufgrund seiner Kontrollfunktion akzessorisch haftet und somit an den Vorstand gekoppelt ist. Die nachfolgende Graphik soll noch einmal verdeutlichen, welche Voraussetzungen gegeben sein müssen, damit es zu einer Anspruchsgrundlage von

---

[149]Vgl. Peltzer, Die Haftung von Vorstand, Aufsichtsrat und Wirtschaftsprüfern, 2008, S. 763
[150] Vgl. Peltzer, Die Haftung von Vorstand, Aufsichtsrat und Wirtschaftsprüfern, 2008, S. 762 f.

Außenstehenden kommt. Eine Anspruchsgrundlage ist selbstredend noch kein Garant für einen tatsächlichen Schadensersatz.

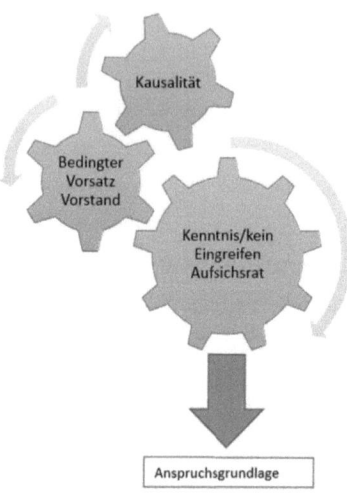

Abbildung 9: Außenhaftung Aufsichtsrat

Im Jahre 2004 sollte ursprünglich ein Gesetz eingeführt werden, das sog. Kapitalinformationshaftungsgesetz. Wegen starker Proteste aus der Wirtschaft sowie aus dem Bankensektor wurde der Gesetzentwurf jedoch mehrfach verschoben. Bis heute ist kein entsprechendes Gesetz in Kraft getreten. Hinter diesem Gesetzesentwurf stand die Idee, dass die Organmitglieder unmittelbar haftbar gemacht werden können, sofern sie vorsätzlich oder zumindest grob fahrlässig falsche Informationen am Kapitalmarkt kommunizieren.[151] Mit diesem Gesetz sollte die erschwerte Beweisführung der Geschädigten erleichtert werden.

---

[151] Vgl. Romeike, Rechtliche Grundlage des Risikomanagements, 2008, S. 67

3.1.2.   Schädliches Verhalten gegenüber Dritten

Da der Aufsichtsrat als solcher ein Innenorgan der Gesellschaft darstellt, wird i.d.R. schädliches Verhalten gegenüber einem Dritten i.S.d. § 823 BGB nicht vom Aufsichtsrat ausgehen, sondern vom Vorstand. Wenn überhaupt können gegenüber dem Aufsichtsrat höchstens Ansprüche geltend gemacht werden, weil er die Handlungen des Vorstandes nicht vereitelt hat. Es kann also nur zu einer sog. akzessorischen Haftung kommen. Zudem kommt eine Haftung infrage wegen einer Pflichtverletzung des Aufsichtsrates, welcher als ein Schutzgesetz i.S.d. § 823 BGB eingestuft werden kann. Dies ist der Fall, wenn der Aufsichtsrat keine Schadensersatzansprüche gegenüber dem Vorstand geltend macht. Dieses Verhalten kann unter Untreue fallen und ist somit einmal gem. § 266 StGB strafbar und zum zweiten als Schutzgesetz einzustufen, was Außenstehende dazu berechtigt, Ansprüche, anzumelden.[152] Im Insolvenzfall kann sich der Aufsichtsrat ebenfalls einer möglichen Verfolgung von Ansprüchen außerhalb der eigenen Gesellschaft aussetzen. Wie in Kapitel 2.5.4 erwähnt, hat der Vorstand spätestens innerhalb von drei Wochen Insolvenz anzumelden. Der Aufsichtsrat macht sich selber haftbar, wenn er den Vorstand nicht dazu drängt, diese Pflicht einzuhalten oder ggf. sogar davon abhält den Insolvenzantrag der Gesellschaft einzureichen. Für den Fall, dass die Gesellschaft insolvent ist oder aber der Anspruch gegen die Gesellschaft als juristische Person verjährt ist, wird versucht die Organmitglieder unmittelbar in die finanzielle Pflicht zu nehmen.[153] Da die Gesellschaft gem. § 31 BGB für das Handeln ihrer Organe haftet und für gewöhnlich bonitätsstärker ist als eine Privatperson, ergibt es mehr Sinn bei jener die Ansprüche durchzusetzen, sofern dies möglich ist. So geschehen ist dies z.B. beim Milupa Fall. Die Milupa AG hatte stark zuckerhaltigen Tee für Kleinkinder und Säuglinge hergestellt und vertrieben. Der Tee war zusätzlich in einer besonderen Flasche mit Nuckelverschluss. Durch die Beschaffenheit des Verschlusses i.V.m. dem vielen Zucker führte dieses Produkt bei häufiger Verwendung zu starken Schäden an den Zähnen, verursacht durch Kari-

---

[152] Vgl. Grieger, Corporate Crime und Compliance, 2010, S. 168
[153] Vgl. Peltzer, Die Haftung von Vorstand, Aufsichtsrat und Wirtschaftsprüfern, 2008, S. 762 ff.

es.[154] Da der Anspruch gegenüber der Gesellschaft verjährt war, wurde gegen die Herstellerin persönlich aber auch gegen einzelne Vorstände rechtlich vorgegangen. Hätte nachgewiesen werden können, das der Aufsichtsrat seine Kontrollpflicht verletzt hat, hätten unter Umständen Ansprüche gegen diesen auf Grundlage der § 823 BGB i.V.m. § 223 StGB durchgesetzt werden können. § 823 BGB fungiert in diesem Fall wieder als ein Schutzgesetz, da es sich beim § 223 StGB um Körperverletzung handelt, die hier aufgrund der Kariesschäden an den Zähnen der Babys vorlag.[155]

3.1.3. Sittenwidrige Schädigung

In § 826 BGB werden Ansprüche behandelt, die aus sittenwidriger Schädigung hervorgehen und vorsätzlich geschehen sind. Hauptsächlich findet dieser Paragraph Anwendung bei sog. falschen ad-hoc Mitteilungen an Aktionäre. Eine ad-hoc Mitteilung ist lediglich eine Meldung von einzelnen Geschäftsabschlüssen und kein Prospekt im rechtlichen Sinne des Kapitalmarktes. Erwerben oder verkaufen die Aktionäre auf Grundlage dieser falschen Informationen ihre Aktien kann dies dazu führen, dass sich der Aufsichtsrat ersatzpflichtig macht für die Schäden, die den Aktionären aufgrund dessen entstanden sind. In der Praxis ist es jedoch regelmäßig schwer bis unmöglich dem Aufsichsrat diese Pflichtverletzung nachzuweisen. Je länger zwischen der ad-hoc Mitteilung und dem (Ver)Kauf der Aktien liegt, desto komplizierter verhält sich die Beweisführung.[156] Zudem werden i.d.R. solche kapitalmarktrechtlichen Mitteilungen nicht vom Aufsichtsrat, sondern vom Vorstand der Gesellschaft veröffentlicht. Damit es von Seiten der Aktionäre also überhaupt zu einer Anspruchsgrundlage kommen kann, muss der Vorstand wissentlich falsche Meldungen publizieren und der Aufsichtsrat muss darüber in Kenntnis sein und dies nicht verhindern.[157] 2002 wurde vom LG Augsburg erstmals auf Schadensersatz wegen einer nicht korrekten ad-hoc Mitteilung entschieden. Das LG sah nach mehrheitlicher Meinung den § 88 BörsG aF als

---

[154] Vgl. Nagel, Wirtschaftsrecht, 1987, S. 74

[155] Vgl. Peltzer, Die Haftung von Vorstand, Aufsichtsrat und Wirtschaftsprüfern, 2008, S. 762 ff.

[156] Vgl. Buchholz, Haftung des Aufsichtsrats gegenüber den Aktionären, 2008,

[157] Vgl. Peltzer, Die Haftung von Vorstand, Aufsichtsrat und Wirtschaftsprüfern, 2008, S. 764

Schutzgesetz i.S.d. § 823 BGB an.[158] Die Entscheidung wurde in späteren Instanzen jedoch revidiert. Im Jahre 2004 wurde vom BGH zum ersten Mal höchstrichterlich wegen einer nicht korrekten Ad-hoc Mitteilung auf Schadensersatz der Aktionäre entschieden. Im Gegensatz zum LG Augsburg sprach der BGH dem § 88 BörsG aF jedoch die Stellung eines Schutzparagraphen ab. Als Anspruchsgrundlage wurde stattdessen der § 826 BGB für vorsätzliche, sittenwidrige Handlungen verwendet.[159] In diesem Fall teilten zwei Mitglieder des Vorstandes des Unternehmens Informatec im Rahmen einer ad-hoc Mitteilung mit, dass das Unternehmen Großaufträge akquiriert hätte. Dies entsprach nicht der Wirklichkeit und wurde nur kommuniziert um den Kurs der Aktien zu erhöhen. Diese Angelegenheit ging durch alle Instanzen und erhielt widersprüchliche Entscheidungen, bis schließlich vom BGH in lediglich einem Fall auf Schadensersatz geurteilt wurde. Das Urteil lautete wegen sittenwidriger Schädigung gem. § 826 BGB müssen die Vorstandmittglieder die entrichteten Kaufpreise durch Übertragung derjenigen Aktien, welche zwischenzeitlich wertlos geworden sind, ersetzen. Dadurch dass der Vorstand in diesem Fall schuldig gesprochen wurde, hätten auch Mitglieder des Aufsichtsrates verurteilt werden können. Dafür hätte man ihnen nachweisen müssen, dass diese von dem Vorhaben der Mitglieder des Vorstandes wussten und nichts dagegen unternommen haben. Eine andere Klage in einem Parallelfall wurde am selbigen Tag hingegen abgewiesen. Aus dem Grund, dass dort kein genügender Kausalitätsbeweis zwischen der fehlerhaften Mitteilung und dem Kauf der Aktien dargelegt werden konnte.[160] Dies zeigt wie schwer es ist, einen ausreichenden Kausalitätsbeweis zu führen, da eine Kaufentscheidung im Kopf eines Menschen vonstattengeht und niemand, auch kein Richter in diesen hineinschauen kann. Es ist also schwer zu entscheiden, ob ein Aktionär Aktien erworben hat und aus „Rache", weil dieses sich als Fehlinvestition herausstellte auf die ad-hoc Mitteilung beruft oder ob er tatsächlich aufgrund dieser explizierten Mitteilung die Aktien gekauft hat.

---

[158] Vgl. Bötel, Persönliche Außenhaftung für Fehlerhafte ad-hoc Mitteilungen, 2008, S. 72
[159] Vgl. BGH, Urteil vom 19.07.2004, II ZR 402 / 02.
[160] Vgl. Peltzer, Die Haftung von Vorstand, Aufsichtsrat und Wirtschaftsprüfern, 2008, S. 76

3.2. Außenhaftung des Vorstandes gegenüber Aktionären und Dritten

In diesem Unterkapitel wird nun die Haftung des Vorstandes gegenüber Außenstehen erläutert. Die Außenhaftung des Vorstandes ist in vier Unterpunkte gegliedert. Zunächst werden die Haftungsansprüche dargelegt, welche sich aufgrund des Gesetzes insbesondere des AktGs und des BGBs ergeben. Danach folgt die Haftung wegen vertragswidrigem Verhalten bzw. von unerlaubten Handlungen in der Phase der Vertragsverhandlungen oder der Anbahnung dieser. Im Anschluss wird die Rechtsscheinhaftung dargelegt. Schließlich wird erörtert welche Schadensersatzansprüche Aktionäre und andere Dritte gegenüber dem Vorstand aufgrund von deliktischer Haftung haben.

Das Aktiengesetz mit seinen Haftungsnormen gegenüber dem Vorstand ist in erster Linie dafür da, bei Schäden die Gesellschaft zu schützen. Aktionäre können sich hingegen nicht auf § 93 AktG berufen, sofern sie durch Handeln des Vorstandes geschädigt wurden. Da § 93 AktG i.V.m. § 823 BGB nicht als Schutzgesetz fungiert, ist auch eine Geltendmachung der Forderungen über die Anspruchsgrundlage nicht möglich. Grundsätzlich gilt im Aktiengesetz der Grundsatz der Haftungskonzentration, aber eine direkte Haftung der Mitglieder des Vorstandes ist dadurch nicht ausgeschlossen. Von Gesetzes wegen gibt es einige Ausnahmen von der Regel der Haftungskonzentration, welche eine unmittelbare Haftung der Mandatsträger nach sich ziehen können. Zum einem kann sich diese Ausnahme auf Grundlage von Sonderregelungen ergeben, diese sind insbesondere im AktG niedergelegt. Eine persönliche Haftung des Vorstandes kann ebenso aus vertraglichen Beziehungen hervorgehen, vorwiegend im Rahmen von Verträgen mit Schutzwirkung zugunsten Dritter. Anspruchsgrundlagen können sich zudem bereits aus Vertragsverhandlungen ergeben. Weiterhin bestehen die Möglichkeit der Haftung bei Rechtscheingeschäften, sowie die Haftung aufgrund von deliktischem Handelns.[161] Im Gegensatz zum Aufsichtsrat ist der Maßstab bei der Verschuldung für den Vorstand strenger. Das bedeutet, dass wie im Innenverhältnis bereits leichte Fahrlässigkeit ausreicht um einen Haftungsanspruch gegen

---

[161] Vgl. Wellhöfer, Die Haftung von Vorstand, Aufsichtsrat und Wirtschaftsprüfern, 2008, S. 60 f.

den Vorstand auszulösen. Geregelt ist dies im § 276 BGB i.V.m. § 280 Abs. 1 BGB.[162]

3.2.1. Verletzung gesetzlicher Vorschriften

Einem Aktionär der AG steht es nicht zu, Ersatzansprüche der Gesellschaft, sei es im eigenen Namen oder im Namen der Gesellschaft, gegenüber den Vorstand geltend zu machen. § 117 Abs. 1 AktG gewährt ihnen jedoch die Opportunität, dass sie erlittenen Schaden, durch den Schädiger, ersetzt bekommen. Das Aktiengesetz gibt den Aktionären mit § 147 AktG eine weitere Anspruchsgrundlage an die Hand. Aufgrund dieses Paragraphen können die Aktionäre die Gesellschaft zwingen, ihre Ansprüche gegenüber dem Vorstand gelten zu machen. Außerdem bietet § 148 Abs. 1 AktG eine zusätzliche Chance für die Aktionäre, um die Haftung von den Mitgliedern des Vorstandes zu erreichen. Die Aktionäre können beim zuständigen Gericht eine Klage einreichen, um die Ansprüche der Gesellschaft, welche sie gegen den Vorstand haben, selbst in eigenem Namen geltend zu machen. Dieser Paragraph kann jedoch nur Anwendung finden, wenn der Anteil der Aktionäre, die sich für diesen Zweck zusammenschließen, eine Mindestsumme von 100.000 € aufweist oder ihre Beteiligungen am Unternehmen wenigstens einhundertstel des Grundkapitals der Gesellschaft deckt.[163]

Neben den Aktionären können auch andere nicht unternehmensgebundene Personen unmittelbare Haftungsansprüche gegen den Vorstand anbringen. Die Gläubiger der Gesellschaft können sich in bestimmten Fällen ebenso bezgl. Schadensersatz persönlich an den Vorstand wenden. So können die Gläubiger Forderungen an den Vorstand richten, wenn dieser in der Gründungsphase gegen Pflichten verstoßen hat und es nicht möglich ist, dass die Gläubiger von der Gesellschaft befriedigt werden. Dargelegt ist dies im § 48

---

[162] Vgl. Wellhöfer, Die Haftung von Vorstand, Aufsichtsrat und Wirtschaftsprüfern, 2008, S. 75
[163] Vgl. Frodermann, Handbuch des Aktienrechts, 2009, S. 383

AktG i.V.m. § 93 Abs. 5 AktG. In diesem Fall haftet der Vorstand in Höhe des Ersatzanspruches, sofern die Gesellschaft dies nicht kann.[164]

3.2.1.1. Konzernhaftung

In den §§ 309 ff. AktG sind Anspruchsgrundlagen für die Haftung des Vorstandes gegenüber den Aktionären und Gläubigern seines Unternehmens im Konzern niedergelegt. Besitzt die abhängige Gesellschaft innerhalb eines Konzerns Forderungen an die Muttergesellschaft, so können die Aktionäre ihre Ansprüche geltend machen i.S.d. § 309 AktG. Dies ist für die Anteilseigner der abhängigen Gesellschaft nur unter den Voraussetzungen möglich, dass der Vorstand der herrschenden Gesellschaft schuldhaft seine Pflichten im Rahmen seiner Vorstandstätigkeit verletzt hat. Handelt ein Vorstand vom Tochterunternehmen innerhalb des Konzerns selbst nicht pflichtgemäß im Hinblick auf sorgfaltswidrige Weisungen seitens des Mutterunternehmens, so haben die Aktionäre des abhängigen Unternehmens einen Anspruch auf Ersatz gem. § 310 AktG i.V.m. § 309 AktG. § 317 AktG gestattet Aktionären der abhängigen Gesellschaft zudem das Recht, Ansprüche gegen die herrschende Gesellschaft geltend zu machen, sofern diese die abhängige Gesellschaft zu nachteiligen Rechtsgeschäften bedrängt hat ohne die Nachteile der Tochter auszugleichen. Sofern einzelne Aktionäre neben dem Schaden, den die Gesellschaft erlitten hat, noch weiter zusätzlich geschädigt wurden, können die Aktionäre weitere Ansprüche geltend machen. Sofern der Vorstand des abhängigen Unternehmens in seinem Bericht über die Beziehungen der Gesellschaften in verbundenen Unternehmen dieses Rechtsgeschäft mitsamt seinen negativen Auswirkungen nicht aufführt, so machen sie sich gem. § 318 AktG ebenso haftbar. Jeder Aktionär ist jedoch darauf beschränkt, nur Leistungen an die Gesellschaft geltend zu machen.[165] Diese Haftungsrichtlinien gelten analog für Gläubiger der abhängigen Gesellschaft.

---

[164] Vgl. Wellhöfer, Die Haftung von Vorstand, Aufsichtsrat und Wirtschaftsprüfern, 2008, S. 83
[165] Vgl. Wellhöfer, Die Haftung von Vorstand, Aufsichtsrat und Wirtschaftsprüfern, 2008, S. 63

Einzig mit dem Unterschied, dass diese die Leistung direkt an sich verlangen können und nicht bloß an die Gesellschaft.[166]

Eine unmittelbare Haftung des Vorstandes kommt zudem gem. § 25 Abs. 1 UmwG in Betracht. Begeht der Vorstand eine Pflichtverletzung im Rahmen einer Unternehmensverschmelzung, so haftet er dafür u.a. gegenüber den Aktionären der übertragenden Gesellschaft für evtl. Schäden, die sich durch sein pflichtwidriges Verhalten ergeben haben. Gleiches gilt für die Gläubiger der übertragenden Gesellschaft.[167]

3.2.1.2. Haftung bei steuerlichen Pflichtverletzungen

Die Personen, welche als gesetzliche Vertreter für die Gesellschaft tätig sind, sind gem. § 34 Abs. 1 AO dafür verantwortlich, dass die AG ihre steuerlichen Pflichten wahrnimmt. Der Vorstand soll sicherstellen, dass die Steuern aus jenen Mitteln bestritten werden, welche die Vorstände zu verwalten haben.[168] Zu diesen steuerlichen Pflichten zählen neben der Steuererklärungspflicht gem. de §§ 149 – 153 AO, die Buchführungs- und Aufzeichnungspflicht i.S.d. §§ 140 – 148 AO, sowie die Auskunftpflicht und die Steuereinbehaltungs- bzw. -entrichtungspflicht laut § 93 AO. Die Einhaltung ihrer Mitwirkungs- und Erklärungspflicht obliegt ebenso dem Vorstand gem. § 69 AO. Wird die Vorschrift aus dem entsprechenden Paragraphen nicht eingehalten, kann dies zu Schadensersatzansprüche vom Fiskus in Höhe der Steuer führen, welche nicht ordnungsgemäß abgeführt wurden. Es kann jedoch kein weiterer Schaden geltend gemacht werden, der den Steuerschaden übersteigt. Der § 34 AO sorgt dafür, dass die steuerlichen Pflichten eine persönliche Obliegenheit des Vorstandes sind und nicht lediglich ein Leistungssoll der Gesellschaft. I.S.d. § 93 Abs. 2 AktG gilt diese Haftung bereits, wenn die Gesellschaft noch eine Vor-AG ist.[169]

---

[166] Vgl. Wellhöfer, Die Haftung von Vorstand, Aufsichtsrat und Wirtschaftsprüfern, 2008, S. 84
[167] Vgl. Wellhöfer, Die Haftung von Vorstand, Aufsichtsrat und Wirtschaftsprüfern, 2008, S. 64
[168] Vgl. Abgabeordnung , Pflichten der gesetzlichen Vertreter und der Vermögensverwalter, Stand am 15.11.2014
[169] Vgl. Wellhöfer, Die Haftung von Vorstand, Aufsichtsrat und Wirtschaftsprüfern, 2008, S. 85 f.

3.2.1.3. Verstoß gegen das Wettbewerbsverbot

Weiterhin kann sich der Vorstand haftbar machen, wenn er gegen das Wettbewerbsverbot als Täter oder zumindest Beteiligter gem. § § 8,9 UWG sowie § 33 GWB verstößt. Für immaterielle Güter gelten die § 97 Abs. 1 UrhG, § 15 Abs. 5 MarkenG und § 139 Abs. 2 PatG. Um als Teilnehmer im schadensersatzrechtlichen Sinne zu gelten, muss der Vorstand darüber informiert gewesen sein, dass es eine Verletzung des Wettbewerbsrechtes gibt und diese nicht unterbunden haben. Nach herrschender Meinung ist es nicht ausreichend, sofern dem Vorstand fahrlässige Unkenntnis vorzuwerfen ist, sondern er muss tatsächlich Kenntnis von dem Pflichtverstoß besitzen. Diese Auffassung wird jedoch nicht von allen geteilt. Manche sind der Meinung, dass der Vorstand bereits haftet, wenn er Kenntnis hätte haben müssen.[170]

3.2.1.4. Haftung bei insolvenzrechtlichen Pflichtverletzungen

In § 92 Abs. 2 AktG i.V.m. § 15a InsO ist die Pflicht dargelegt, dass der Vorstand einen Insolvenzantrag stellen muss. Dies dient dem öffentlichen Interesse und dadurch sollen insbesondere die Gläubiger der Gesellschaft geschützt werden. Es besteht Einigkeit darüber, dass § 92 Abs. 2 AktG als ein Schutzgesetz i.S.d. § 823 Abs. 2 BGB fungiert. Gespalten ist man jedoch in der Hinsicht, ob es ebenso als Schutzgesetz für die Aktionäre gilt. Verstößt der Vorstand gegen diese ihm obliegende Pflicht, so macht er sich gem. § 93 Abs. 2 AktG schadensersatzpflichtig gegenüber der AG. Verliert die Insolvenzmasse aufgrund von verspäteter Insolvenzantragsstellung an Wert, so muss der Vorstand diesen Schaden ausgleichen. Den Verlust bezeichnet man als sog. Differenzschaden, da das Vorstandsplenum genau den Betrag ausgleichen muss, der durch ihre unterlassene Handlung abhandengekommen ist. Diese Art des Schadensersatzes gilt allerdings nur, sofern es sich um Altgläubiger handelt. Sog. Neugläubiger, also jene, die sich trotz bereits gestelltem Insolvenzantrag auf Geschäfte mit der Gesellschaft eingelassen haben, steht kein Differenzschaden zu. Ansonsten haben Neugläubiger je-

---

[170] Vgl. Wellhöfer, Die Haftung von Vorstand, Aufsichtsrat und Wirtschaftsprüfern, 2008, S. 86

doch auch das Recht auf den vollen Schadensersatz gem. Entscheidung des BGHs aus dem Jahre 1994. Neben dem zivilrechtlichen Folgen kann eine Verschleppung der Insolvenz bzw. verspätetes Stellen des Insolvenzantrages laut § 401 Abs. 1 AktG zudem strafrechtliche Konsequenzen für den Vorstand nach sich ziehen. [171]

3.2.2. Haftung aufgrund eines Vertrages oder Vertragsverhandlungen

Dem Grundsatz nach können sich keine Haftungsansprüche aus dem gesetzlichen Anstellungsvertrag zwischen dem Vorstand und seinen Unternehmen ergeben. Es kann jedoch zu einer Ausnahme von dieser Grundsatzregelung kommen. Es ist möglich, dass der Vertrag so ausgestattet wurde, dass eine Direkthaftung des Vorstandes bei Verträgen mit Schutzwirkung zugunsten Dritter infrage kommt. Diese Schutzwirkung erstreckt sich wahrscheinlich jedoch nur auf Aktionäre der Gesellschaft. Weiterhin könnte möglicherweise eine Haftung aufgrund von Bürgschaft oder ebenso eines Schuldeintrittes in Betracht kommen.[172]

Bei der persönlichen Haftung des Vorstandes auf Grundlage von Vertragsanbahnung bzw. Vertragsverhandlungen, welche auch culpa in contrahendo genannt wird, besteht primäre Leistungspflicht des Vorstandes. Die mögliche Haftung entsteht vielmehr durch ein Schuldverhältnis gem. des § 311 Abs. 2 und 3 BGB i.V.m. § 241 Abs. 2 BGB.[173] Eine persönliche Haftung des Vorstandes gem. culpa in contrahendo kommt bei zwei Fällen in Betracht. Zum einem kann es durch besonderes persönliches Vertrauen oder aber durch persönliche Interessen im wirtschaftlichen Sinne geschehen.[174]

---

[171] Vgl. Wellhöfer, Die Haftung von Vorstand, Aufsichtsrat und Wirtschaftsprüfern, 2008, S. 222 ff.

[172] Vgl. Wellhöfer, Die Haftung von Vorstand, Aufsichtsrat und Wirtschaftsprüfern, 2008, S. 64 f.

[173] Vgl. Wellhöfer, Die Haftung von Vorstand, Aufsichtsrat und Wirtschaftsprüfern, 2008, S. 65

[174] Vgl. Buchta, Vorstand der AG, 2005, S. 111

3.2.2.1. Persönliches Vertrauen

Um sich auf das persönliche Vertrauen berufen zu können, muss der Vorstand gegen die allgemeinen vertragsrechtlichen Pflichten verstoßen haben. Kon-kret muss er es unterlassen haben, die anderen Vertragspartner über alle Umstände und Tatsachen aufzuklären, die für den anderen von Bedeutung oder besonderer Relevanz sind, um den Vertrag abzuschließen bzw. es zu unterlassen. Ebenso, wenn es sich um Informationen handelt, welche erheblichen Einfluss auf die Vertragsverhandlungen hätten. In welchem Ausmaß genau der andere Verhandlungsteilnehmer aufgeklärt werden muss, kommt auf den einzelnen Fall an. Es gilt jedoch, dass sich dies nach zwei Parametern richtet. Zum einem kommt es auf den aktuellen Stand der Kenntnis an, in welchen sich der Vertragspartner befindet und zum anderen darauf, welche deutlich sichtbare Erwartungshaltung dieser hat.

3.2.2.2. Wirtschaftliches Eigeninteresse

Eine Anspruchsgrundlage aufgrund von wirtschaftlichen Eigeninteresse des Vorstandes ist nur in Ausnahmefällen möglich. Um sich auf diese stützen zu können, muss der Vorstand das Geld, welches der Gesellschaft zustand, nicht ordnungsgemäß an diese abgeführt haben, sondern selbst für sich einbehalten haben. Ausdrücklich nicht ausreichend ist, dass der Vorstand lediglich ein Interesse daran hat das z.B. der Vertrag zustande kommt, weil er in diesem Falle einen Bonus ect. erhalten würde. Für den Fall, dass der Vorstand seine Pflicht, wissentlich und vorsätzlich gegenüber Dritten massiv verletzt, was die Aufklärung über die tatsächliche wirtschaftliche Lage des Unternehmens betrifft, kann zudem eine persönliche Haftung gem. § 826 BGB in Betracht kommen. Es liegt kein Verstoß i.S.v. sittenwidriger Schädigung vor, nur weil gegen den Vertrag oder gesetzliche Bestimmungen verstoßen wurde. Es muss hingegen eine besondere Verwerflichkeit in dem Verhalten liegen, welches der Vorstand an den Tag gelegt hat. Hauptsächliche Anwendung findet diese Anspruchsgrundlage, wenn das Unternehmen sich in einer existenzbedrohenden wirtschaftlichen Situation befindet und diese vom Vorstand absichtlich verschwiegen wird. Der Vorstand setzt sich somit der Gefahr der persönlichen Haftung aus, sofern er weiterhin Geschäfte tätigt obgleich ihm bewusst ist, dass die Gesellschaft ihren Part des Vertrages evtl. nicht einhalten kann.[175] Diese eben erläuterten Grundsätze und Bedingungen für die Haftung sind für andere Dritte, die keine Anteile an der Gesellschaft in Form von Aktien halten, zu übernehmen.[176]

3.2.3. Rechtsscheinhaftung

Die sog. Rechtsscheinhaftung tritt in Kraft, wenn dem Vertragspartner nicht offenbart wurde, dass es sich um eine AG und somit um eine beschränkt haftende Gesellschaftsform handelt. Diese Haftungsart gilt nicht gegenüber Aktionären, da diese sich darüber im Klaren sein müssen, um welche Rechtsform es sich handelt. Gläubiger der Gesellschaft können dies nicht unbedingt wissen, insbesondere wenn der Firmenzusatz weggelassen wurde oder aber sogar absichtlich der Anschein erweckt werden sollte, dass es sich um keine Kapitalgesellschaft handelt. Haftbar ist immer derjenige, der dem gutgläubigen Vertragspartner die falschen Tatsachen zur Gesellschaftsform vorgespielt hat. Dies ist in vielen Fällen das geschäftsführende Organ, betrifft aber ebenso jeden anderen der so handelt. Neben der persönlichen Haftung für den Vorstand, kann möglicherweise eine Haftung für die Gesellschaft entstehen, sofern diese wirksam vertreten wird.[177]

3.2.4. Deliktische Haftung

Wie bei der Haftung des Aufsichtsrates im Außenverhältnis, haftet ebenso der Vorstand, wenn er während seiner Tätigkeit als Mitglied des Vorstandes einen strafrechtlichen Tatbestand erfüllt. Insbesondere spielt hierbei die Untreue gem. § 266 StGB, sowie der Betrug i.S.d. § 263 StGB eine Rolle. Die

---

[175] Vgl. Buchta, Vorstand der AG, 2005, S. 111 f.

[176] Vgl. Wellhöfer, Die Haftung von Vorstand, Aufsichtsrat und Wirtschaftsprüfern, 2008, S. 87

[177] Vgl. Wellhöfer, Die Haftung von Vorstand, Aufsichtsrat und Wirtschaftsprüfern, 2008, S. 88

Anspruchsgrundlage ergibt sich dann entweder aus dem § 823 BGB i.V.m. dem jeweiligen zuständigen Paragraphen aus dem StGB oder aber wegen vorsätzlichem und sittenwidrigen Verhalten gem. § 826 BGB.[178] Die Untreue bezieht sich insbesondere auf Spendenzahlungen, die getätigt werden. Nicht jede Pflichtverletzung, die auf Ebene des Gesellschaftsrechts begangen wurde, ist auch ein Pflichtverstoß im strafrechtlichen Sinne. Dafür ist vielmehr eine Verfehlung von schwerwiegendem Ausmaß erforderlich. Es muss je nach Fall entschieden werden, als Orientierung dienen aber folgende vier Kriterien. Sie sind kein festgeschriebenes Gesetz, aber wenn alle dieser Anhaltspunkte vorliegen kann i.d.R. von einer Pflichtverletzung i.S.d. § 266 StGB ausgegangen werden. Zum ersten, es besteht keine Nähe vom Spender zum Unternehmensgegenstand. Die unentgeltliche Zuwendung ist unpassend in Bezug auf die Ertrags- sowie Vermögenslage des Unternehmens. Zudem fehlt es der AG an der Transparenz im inneren der Gesellschaft. Weiterhin ist davon auszugehen, dass die Spende lediglich getätigt wurde, um rein persönliche Interessen durchzusetzen.[179]

3.2.4.1. Vorsätzliche Schädigung

Ein Punkt, der zu Gewissenkonflikten auf Seiten des Vorstandes führen kann, sind Mitteilungen entweder die im vorigen Kapitel aufgeführten ad-hoc Mitteilungen oder aber Prospekte im kapitalrechtlichen Sinne. Sind die Mitteilungen, welche an die Aktionäre herausgegeben werden, geschönt, kommen sie ihrer Pflicht stets zum besten des Unternehmens zu handeln nach, allerdings verstoßen die Mitglieder des Vorstandes in diesem Falle gegen § 826 BGB wegen vorsätzlicher Schädigung der Aktionäre. Im Jahre 2011 gab es dazu eine Entscheidung vom OLG München. Grundsätzlich ist es die Aufgabe des Vorstandes gem. § 93 AktG stets zum besten Wohle der Gesellschaft zu handeln. Im deutschen Rechtsraum wird dieses Prinzip jedoch nicht so totalitär ausgelegt wie es das z.B. in den USA im Rahmen des Shareholder Primacy Konzeptes geschieht. In besagtem Fall hat der Vorstand der Gesell-

---

[178] Vgl. Wellhöfer, Die Haftung von Vorstand, Aufsichtsrat und Wirtschaftsprüfern, 2008, S. 87
[179] Vgl. Wellhöfer, Die Haftung von Vorstand, Aufsichtsrat und Wirtschaftsprüfern, 2008, S. 94

schaft veraltete Prospekte herausgegeben. Zu dem Zeitpunkt, als diese Prospekte erstellt wurden, war das Unternehmen wirtschaftlich besser aufgestellt, die Verantwortlichen unterließen es jedoch den Werbezettel zu aktualisieren und somit auf den aktuellen Stand des Unternehmens hinzuweisen. Das Gericht sah es als erwiesen an, dass dies vom Vorstand aus dem Grunde geschah, um die Anleger positiv in Ihrer Entscheidung zu Gunsten der Gesellschaft zu beeinflussen. Konkret bedeutet dies also, dass entweder die Aktionäre von einem Verkauf absehen oder aber weitere Aktien erwerben. Das OLG München sprach den Vorstand schuldig des Kapitalbetruges gem. § 264a StGB i.V.m. § § 813 und 826 BGB. [180]

3.2.4.2. Eigenschaden

In diesem Fall erleidet der Aktionär einen selbständigen Schaden einen sog. Eigenschaden und nicht lediglich dadurch, dass seine Aktien an Wert verlieren, da der Kurs der AG sinkt. In dem gerade geschilderten Fall vom Jahre 2011 ist der Schaden dadurch entstanden, das dem Aktionär das Geld entgangen ist, welches er durch einen früheren Verkauf erzielt hätte.[181] Hält ein Aktionär beispielsweise 100 Aktien und hätte sie letzten Monat zu einem Wert von je 100 € verkaufen können, hätte dieser 10.000 € erzielt. Aufgrund eines Prospektes, der falsche wirtschaftliche Tatsachen vorspielte, unterlies der Aktienhalter dies jedoch. Heute sind die Aktien nur noch je 80 € wert. Somit beträgt der Erlös lediglich noch 8.000 €, was zu einem Schaden bei dem Anleger in Höhe von 2.000 € führt.

3.2.4.3. Reflexschaden

Vom soeben dargestellten Sachverhalt des Eigenschadens zu unterscheiden ist der sog. Reflexschaden. Dies ist lediglich ein Schaden, den der Aktionär im Zuge dessen erleidet, dass seine Beteiligung am Unternehmen an Wert

---

[180] Vgl. Bahnsen, Zivilrechtliche Haftung des Vorstandes, 2013
[181] Vgl. Kort, Aktiengesetz, 2008, S. 1497

verliert, da das Unternehmen selber einen Werteverlust erleidet. Nach Meinung einiger Rechtsexperten ist es ausgeschlossen, dass ein Aktionär für einen reinen Reflexschaden Ersatz erhält. Als Rechtsgrundlage wird § 117 AktG aufgeführt. Andere argumentieren jedoch das besagter § 117 AktG sich lediglich darauf beschränkt § 317 AktG von der Haftung auszuschließen. Die Vertreter dieses Standpunkts sind der Auffassung, dass durch § 117 AktG nur bestimmte Schadensarten zulässig sind, um eine rechtliche Anspruchsgrundlage zu formen. Zu dieser Schadensgattung zählt jedoch nicht der Reflexschaden. Andere wieder sind der Meinung, dass ein Reflexschaden sich nur gegen die AG selber aber nicht gegen Ihre Organe richten kann.[182]

3.2.4.4. Doppelschaden

Es kann vorkommen, dass ein Aktionär sowohl Ansprüche gegen die Gesellschaft selber, als wie auch gegen den Vorstand des selbigen Unternehmens hat. Hier handelt es sich um die Problematik des sog. Doppelschadens. Ein Doppelschaden kann nur vorliegen, wenn der Aktionär unmittelbar geschädigt ist und es sich nicht um einen reinen Reflexschaden wie oben erläutert handelt.[183] Um dieses Problem zu beheben, wurde vom zweiten Zivilsenat des BGB im Jahre 1987 geurteilt, dass es dem Aktionär lediglich zusteht den Vorstand auf Leistung an die Gesellschaft zu verklagen. Da der Aktionär diese Klage mit seinen eigenen finanziellen Mitteln bestreiten muss und zudem auf eigenes Risiko jedoch zu Gunsten der AG ist es eher unwahrscheinlich, dass der Aktionär Ansporn verspürt, einen entsprechenden Prozess anzustreben.[184]

3.2.4.5. Vorsätzliche sittenwidrige Handlung

Eine Haftung des Vorstandes kann ebenso gem. § 826 BGB, also aufgrund von vorsätzlicher sittenwidriger Handlung, entstehen. Von besonderer Be-

---

[182] Vgl. Mencke, Die Zivilprozessuale Beilegung im Klageverfahren gem. § 148, 2012, S. 62

[183] Vgl. Frodermann, Handbuch der Europäischen Aktiengesellschaft, 2009, S. 259

[184] Vgl. Raguß, Der Vorstand einer Aktiengesellschaft, Jahr, S. 262

deutung ist das Publizieren von bewusst falschen ad-hoc Meldungen, welche bereits im Kapitel 3.1 erläutert wurden.[185] Diese Ausführungen können so für den Vorstand übernommen werden, mit der Ausnahme, dass seine Haftung nicht an die des Aufsichtsrates gekoppelt ist. Der Grund dafür ist einleuchtend und zwar dass es seine Aufgabe ist die ad-hoc-Mitteilung zu veröffentlichen. Der Aufsichtsrat kontrolliert lediglich.

3.2.4.6. Unerlaubte Handlung

Begeht ein Vorstand eine unerlaubte Handlung i.S.d. § 823 BGB, indem er in einen anderen Gewerbebetrieb eingreift, z.B. weil er die Solvenz des fremden Unternehmens anzweifelt, kann er unmittelbar dafür zur Rechenschaft gezogen werden. Seit ein Entscheid des BGHs im Jahre 2006 getroffen wurde, ist es nicht nur möglich die Gesellschaft für schädliches Verhalten des Vorstandes gem. § 31 BGB zu verklagen, i.S.d. Regelfalles der Haftungskonzentration, sondern ebenso den Vorstand unmittelbar zur Haftung heranzuziehen. In dem Fall, dem der BGH verhandelte, entsprach es sogar der Wahrheit, dass das andere Unternehmen sich in finanziellen Schwierigkeiten befand. Dennoch urteilte die höchste gerichtliche Instanz in Deutschland, dass es sich um eine unerlaubte Handlung gem. § 823 BGB handelt. Die Kreditwürdigkeit von Vertragspartnern darf nicht öffentlich angezweifelt werden, dies würde die Kreditunwürdigkeit erst recht provozieren bzw. verstärken. Begründet wurde diese Entscheidung damit, dass es zu den Pflichten des Vorstandes gehört die AG vor Schaden zu bewahren. Eine solche öffentliche Äußerung zieht aber möglicherweise Schadensersatzansprüche nach sich, was der Gesellschaft ohne Zweifel Schaden zufügt. Zwingende Voraussetzung ist die Tatsache, dass es sich nicht bloß um eine reine Verletzung der Vertragspflicht des Vorstandes handelt, sondern um eine unerlaubte Handlung i.S.d. Gesetzes.[186]

Der Fall Leo Kirch beschäftigte sogar über ein Jahrzehnt die Gerichtssäle in Deutschland. In diesem besagten Fall hatte sich der damalige Vorstandsvor-

---

[185] Vgl. Wellhöfer, Die Haftung von Vorstand, Aufsichtsrat und Wirtschaftsprüfern, 2008, S. 74
[186] Vgl. Wellhöfer, Die Haftung von Vorstand, Aufsichtsrat und Wirtschaftsprüfern, 2008, S. 88 f.

sitzende der Deutschen Bank, Rolf Breuer, in einem Fernsehinterview äu-
ßerst kritisch über den Medienkonzern der Kirch Gruppe geäußert in Bezug
auf deren Bonitätsfähigkeit. Wenig später ging das Kirch Unternehmen insolvent. Leo Kirch war davon überzeugt, das Rolf Breuer seine Aussagen nicht
unbedacht getätigt hatte, sondern mit dem Plan das Unternehmen in eine
existenzbedrohende Krise zu stürzen und anschließend im Zuge einer Restrukturierung daran Geld zu verdienen. Leo Kirch verklagte daraufhin die
Deutsche Bank. Erst zwölf Jahre später, im Februar 2014, wurde ein Vergleich in dreistelliger Millionenhöhe geschlossen zwischen der Deutschen
Bank und den Erben des Kirch Imperiums, da Leo Kirch zwischenzeitlich
verstorben war. Es ist jedoch zu beachten, dass nicht Herr Breuer persönlich,
sondern die Gesellschaft, namentlich die Deutsche Bank, in Regress genommen wurde. Der Grund dafür mag vermutlich darin bedingt sein, dass die
Deutsche Bank wesentlich solventer ist als Rolf Breuer. Es hätte jedoch auch
gegen ihn persönlich eine Anspruchsgrundlage wegen unerlaubte Handlung
gegeben nämlich auf Grundlage von des oben erläuterten § 823 BGB. Der §
826 BGB wegen vorsätzlicher sittenwidriger Schädigung hätte ebenso als
Anspruchsgrundlage in Betracht kommen können. Gegen Herrn Breuer, sowie weiterer ehemaliger Vorstände der Deutschen Bank wird gem. § 263
StGB wegen versuchten Prozessbetruges ermittelt. Mittlerweile hat sich her-
ausgestellt, dass es zumindest Unterlagen gibt, welche bestätigen, dass die
Bank tatsächlich geplant hatte mit Kirch im Rahmen einer Restrukturierung
seines Unternehmens in geschäftliche Beziehungen zu treten. Dieser Um-
stand wurde von Seiten der Verantwortlichen immer bestritten.[187] Welche
finanzielle Folge sich aus dem Innenverhältnis für den ehemaligen Vorstandsvorsitzenden ergeben, ist noch ungewiss. Zwar bestand eine D&O
Versicherung, diese haftet jedoch vermutlich nicht, wenn es sich um vorsätzlich herbeigeführten Schaden handelt (Siehe auch Kapitel 4.3). Im August hat
der Aufsichtsrat der Deutschen Bank entschlossen, Herr Breuer in Regress
zu nehmen. Dies war im Grunde genommen unumgänglich, sofern sie nicht
selber ersatzpflichtig werden wollten, beschrieben im Kapitel 2.2.5, welches
sich mit der Durchsetzung von Ersatzansprüchen gegenüber dem Vorstand
beschäftigt. Wie viel Geld von diesem jedoch zu erwarten ist, ist ungewiss.

---

[187] Vgl. Welp, Teuer bezahlt, 2014

Die Gesellschaft wird aller Wahrscheinlichkeit nach für den größten Teil des Schadens aufkommen müssen.[188]

3.2.4.7. Täuschungsverbot

Weiterhin ist es gem. § 399 AktG i.V.m. § 823 Abs. 2 BGB Vorständen verboten, falsche Angeben zu machen. Dies gilt insbesondere bei Kapitalerhöhungen der Gesellschaft, bzw. bei deren Gründung. Ebenso sind unrichtige Darstellungen i.s.d. § 400 AktG ein Verstoß gegen das Gesetz. Der Sinn und Zweck dieses Gesetzes ist es, die Allgemeinheit, insbesondere jedoch derzeitige sowie potenzielle Gläubiger der Gesellschaft vor Täuschung zu bewahren. Da es sich i.s.d. § 823 BGB um ein Schutzgesetz handelt, kann ein Verstoß zu einer unmittelbaren Haftung des Vorstandes führen.[189]

3.2.4.8. Sozialversicherungsabgabepflicht

Weiterhin kann sich eine Zwickmühle für den Vorstand der AG ergeben. Die Gesellschaft muss die Abgaben an die Sozialversicherungen leisten um sich nicht i.s.d. § 266a StGB strafbar zu machen. Diese Vorschrift gilt gem. § 14 StGB analog für den Vorstand. Bei Ressorteilung ist nicht nur der zuständige Vorstand dafür verantwortlich, sondern das Kollektiv. Die übrigen Mitglieder müssen den befugten Vorstand zumindest in seiner Tätigkeit überwacht haben. In Krisen verstärkt sich diese Kontrollpflicht noch. Solange die Gesellschaft nicht in einer Krise bzw. Zahlungsunfähigkeit ist, gibt es dabei kein wirkliches Problem. Falls aber dieser Zustand eintritt, so dürfen i.s.d. § 92 Abs. 3 AktG keine Zahlungen mehr von der Gesellschaft abgehen. Geschieht dies trotzdem, weil beispielsweise Sozialversicherungsabgaben gezahlt werden, wird ein Gläubiger bevorzugt und die Insolvenzmasse verringert. Der Vorstand muss dann gem. § 93 Abs. 2 für den Betrag haften, um den die Insolvenzmasse geschmälert wurde. In einem Urteil vom BGB aus dem Jahre

---

[188] Vgl. Jost, Fall Kirch, 2014
[189] Vgl. Wellhöfer, Die Haftung von Vorstand, Aufsichtsrat und Wirtschaftsprüfern, 2008, S. 92

2000 wurde allerdings klargestellt, dass § 266a nicht gilt, wenn es der AG unmöglich war, den Arbeitgeberbeitrag zur Sozialversicherung zu bezahlen. Es muss also je nach Einzelfall abgewogen werden.[190]

3.3. Zwischenfazit Haftung im Außenverhältnis

Abschließend kann festgestellt werden, dass die Außenhaftung für die Kontroll- und Geschäftsführungsorgane der Gesellschaft weit weniger Risiken bergen und die Bedeutung in der Praxis hinter der Innenhaftung zurücksteht. Dies geht damit einher, dass diese beiden Organe der Gesellschaft, hierbei ganz besonders der Aufsichtsrat, Innenorgane der Gesellschaft darstellen. Dies bedeutet jedoch nicht, dass die Pflichten im Außenverhältnis zu vernachlässigen sind. In den meisten Fällen wird daher eher gegenüber dem Unternehmen als solches ein Gerichtsprozess angestrebt. Meistens hat dies den Hintergrund, dass gar keine persönliche Haftung gegenüber Mitgliedern des Vorstandes bzw. Aufsichtsrates von Außenstehenden geltend gemacht werden können. Ist es zwar theoretisch möglich und es besteht ein Doppelschaden, wird regelmäßig dazu tendiert, die Forderungen gegen die AG durchzusetzen anstatt gegen eine natürliche Person, da ein Unternehmen im Normalfall solventer ist. Befindet sich die Gesellschaft in einer schweren Krise bzw. ist bereits untergegangen oder der Anspruch ist verjährt, kehrt sich dieses Verhältnis jedoch um. Im Innenverhältnis kann die Gesellschaft wiederum ihren Vorstand oder Aufsichtsrat in Regress nehmen, sofern die Mitglieder für den Schaden verantwortlich sind. Siehe hier den Fall Leo Kirch/Erben gegen die Deutsche Bank Kapitel 3.2.4.6. Nachdem diese einen Vergleich abgeschlossen hatten, wird nun versucht vom ehemaligen Vorstand Rolf Breuer wenigstens einen (kleinen) Teil der Summe zu fordern. Ob ein Außenstehender ein Gerichtsverfahren auf seine Kosten anstrebt, wird sicher auch damit zusammenhängen, ob dieser die Leistung an sich oder lediglich an die Gesellschaft verlangen kann. Im letzteren Fall wird die Motivation dazu vermutlich deutlich geringer sein.

---

[190] Vgl. Raguß, Der Vorstand der Aktiengesellschaft, Jahr, 240 f.

Ein Außenstehender kann nicht ohne weiteres Schadensersatzansprüche gegenüber einem Aufsichtsrat geltend machen. Neben einer großzügigeren Auslegung zu Gunsten des Aufsichtsrates, kann es auch aufgrund von finanziellen Mitteln zu einem ungleichen Kampf werden. Weiterhin kommt beim Vorstand hinzu, dass dieser bloß akzessorisch haftet. Konkret bedeutet dies, dass dem Vorstand erst einmal ein schädliches Handeln bzw. Unterlassen nachgewiesen werden muss und anschließend dem Aufsichtsrat, dass er trotz Kenntnis nicht versucht hat, dieses Verhalten zu unterbinden. In Ausnahmefällen kann es dennoch zu einer Haftung des Aufsichtsrates durch einen Dritten kommen. Als Anspruchsgrundlage dienen hier die §§ 823 BGB Schadenersatzpflicht aus schädlichem Verhalten, sowie 826 BGB wegen vorsätzlicher sittenwidriger Handlung.

In Bezug auf die Haftung des Vorstandes gibt es vier Rechtsgrundlagen, aufgrund derer der Vorstand persönlich haftbar gemacht werden kann. Zum einem kann sich eine solche Grundlage aus den Regelungen im Gesetz ergeben. Obwohl § 93 AktG im Gegensatz zum Innenverhältnis nicht Anwendung finden kann, gibt es andere Paragraphen die als Anspruchsgrundlage dienen. Aktionären stehen die §§ 117, 147 und 148 AktG zur Verfügung. Gläubiger können auf den § 48 i.V.m. § 93 AktG ausweichen. Für die Haftung des Vorstandes im Konzern gelten gem. der §§ 309 ff. AktG besondere Bestimmungen in Bezug auf die Haftung der Mitglieder des Vorstandes, sowohl der abhängigen als auch der herrschenden Gesellschaft. Dies gilt für die Aktionäre sowie Gläubiger der Tochtergesellschaft. Weitere Bestimmungen, bei denen der Vorstand trotz einer allgemeinen Haftungskonzentration von Dritten unmittelbar in Regress genommen werden kann, sind bei der Abführung von Steuern sowie bei Unternehmensverschmelzungen gem. § 25 UmwG.

Ein Schaden, welcher der Vorstand aus seinen eigenen finanziellen Mitteln begleichen muss, kann ebenso aufgrund von Vertragsverhandlungen oder eines bestehenden Vertrages entstehen. Die Haftung beim gesetzlichen Anstellungsvertrag des Vorstandes ist grundsätzlich ausgeschlossen, eine Ausnahme sind jedoch Verträge mit Schutzwirkung zugunsten Dritter. Eine Haftung i.S.v. culpa in contrahendo kommt bei besonderem persönlichen Vertrauen oder wenn es sich um die Verfolgung von persönlichen Interesse im wirtschaftlichen Sinne handelt in Betracht. Zudem darf man keine falschen Vorstellungen bewusst wecken bzw. darauf verzichten diese richtig zu stellen, sei es in Bezug auf die wirtschaftliche Lage des Unternehmens oder auf die Rechtsform, i.S.d. Rechtsscheinhaftung.

Die deliktische Haftung umfasst Straftaten, welche der Vorstand während der Ausübung seiner Tätigkeit als Vorstand begeht. Insbesondere kommen hier die §§ 263 ff. StGB i.V.m. § 823 BGB in Schadensersatzpflicht in Betracht. Ebenso kann sich eine Haftung auf Grundlage des § 826 BGB wegen vorsätzlicher sittenwidriger Schädigung ergeben.

4. Haftungsvermeidungsstrategien für Aufsichtsrat & Vorstand

Im Verlauf dieses Kapitels werden Haftungsvermeidungsstrategien für Vorstand und Aufsichsrat vorgestellt. Welche Prämissen genau gegeben sein müssen damit die Strategie der Haftungsvermeidung aufgeht bzw. welche verschiedenen Arten der Verhinderung der Haftung es gibt, werden erklärt. Im Verlauf der Kapitel 4.1 bis **Fehler! Verweisquelle konnte nicht gefunden werden.** wird zudem deutlich, welche Vorzüge die einzelnen Vorgehensweisen bieten, aber auch wo ihre Schwachpunkte liegen. Zunächst wird kurz auf die Möglichkeit eingegangen, einen Schadenersatzanspruch zu verhindern, indem man es zu keinem Schaden kommen lässt. Anschließend geht es darum, wie durch Beschlüsse oder Vereinbarungen der Hauptversammlung die Haftung ausgeschlossen werden kann bzw. von der Haftung freigestellt wird. Zuletzt wird dargelegt wie durch Versicherungen, primär sog. D&O Versicherungspolicen, die Organe der Gesellschaft vor persönlicher Haftung geschützt werden können. Im Anschluss wird ein kurzer Ausblick gegeben, welche Überlegungen es bzgl. der Haftungsvermeidungsstrategien es gibt. Zum Abschluss des Kapitels wird ein Zwischenfazit gezogen.

4.1. Verhinderung eines Schadens

Es erscheint einleuchtend, dass eine Variante um keine Haftungsansprüche auszulösen darin liegt, an der Gesellschaft oder Dritten, keinen Schaden zu verursachen. Dies bedeutet, dass die Organe Vorstand und Aufsichtsrat ihre ihnen anvertrauten Aufgaben sorgfältig, gewissenhaft und so verrichten, dass die AG den größtmöglichen Nutzen daraus zieht. Tun sie dies nicht und es entsteht ein Schaden am Unternehmen, so handelt es sich mindestens um eine Pflichtverletzung, wenn nicht um Schlimmeres wie z.B. eine Straftat. Um einer Pflichtverletzung zu entgehen, ist es von entscheidender Bedeutung, dass die Verantwortlichen wissen, welches Verhalten regelkonform ist und welches nicht. Es wurde bereits in Kapitel 2 erwähnt, dass das Gesetz hierzu mit keiner abschließenden Auflistung aufwarten kann. Aus diesem Grund empfiehlt es sich, in der Satzung und/oder Geschäftsordnung genau zu deklarieren welches Verhalten nicht geduldet wird. Weiterhin ist anzuraten, dass die Organe ihre Handlungen so dokumentieren, dass diese für dritte Personen zum einem gut nachvollziehbar sind und zum anderen erkennbar ist, dass stets zum Wohle der Gesellschaft gehandelt wurde. Vereinzelt kann es für einen Teilnehmer des Vorstandes bzw. Aufsichtsrates ebenso eine Option sein, sein Mandat niederzulegen. Dies käme in Frage, sollte ein Mitglied der Gremien erkennen, dass er ungeeignet ist zur Ausübung seiner Tätigkeit. Ein solcher Fall könnte eintreten, weil ihm beispielsweise branchenspezifisches Wissen fehlt und er dieses auch mit Weiterbildungen etc. nicht erwerben kann.[191]

4.1.1. Risikomanagement

Gem. § 91 Abs. 2 AktG ist festgesetzt, dass ein Risikomanagementsystem eingerichtet und gepflegt werden muss. Dieses System verfolgt den Zweck, dass einerseits Chancen für die Gesellschaft erkannt werden können, aber vor allem, dass die möglichen Risiken alsbald erfasst werden. Das Haftungsmanagement sollte in das Risikomanagement integriert werden. Dieses Haftungsmanagement umfasst vier Schritte.

1) **Haftungsidentifikation**: Das Ziel dieser ersten Phase des Haftungsmanagementsystems ist die Identifizierung aller möglichen Pflichtverletzungen, welche im Gegenzug Haftungsansprüche auslösen könnten. Diese sollen erkannt werden durch fortwährende Analyse sowie Selbst- und Fremdevaluationen.

2) **Haftungsbewertung:** In Phase zwei werden nun die Resultate der Identifikationsphase ausgewertet.

3) **Haftungssteuerung/Bewältigung:** In den ersten beiden Schritten wurde das nicht pflichtkonforme Handlungspotenzial identifiziert und

---

[191] Vgl. Eibelshäuser, Unternehmensüberwachung als Element der Corporate Governance, 2010 S. 214 f.

einschätzt. In der dritten Phase wird nun nach Strategien gesucht, um mit den Problemen umzugehen und diese zu lösen.

4) **Haftungsreporting:** Der letzte Schritt ist dafür zuständig, dass die wichtigsten Informationen innerhalb des Haftungsmanagementsystems an die Verantwortlichen weitergeleitet werden.

Das Haftungsmanagementsystem soll helfen, Pflichtverletzungen zu vermeiden und die Organe vor der Haftung zu schützen, indem es dabei behilflich sein soll, Schaden von der Gesellschaft abzuwenden.[192]

4.1.2. Corporate Compliance

Neben dem Risikomanagement ist das Einrichten einer sog. Corporate Compliance im Unternehmen hilfreich, um einer möglichen Pflichtverletzung vorzubeugen. Die Hauptaufgabe der Corporate Compliance besteht darin, sicherzustellen, dass sich alle Geschäfte des Unternehmens in rechtlich erlaubten Rahmen bewegen. Dabei ist hier nicht ausschließlich der gesetzliche Rahmen gemeint, sondern ebenso das diejenigen, die verantwortlich für die Geschäftsführung sind, dazu angehalten werden, alles zu unternehmen um die AG vor rechtlichen Nachteilen und anderen Schäden zu bewahren.[193]

Weiterhin gilt, dass sich Vorstandsmitglieder in speziellen Fällen, z.B. bei tiefgründigen Fragen in Bezug auf Rechtliches oder Steuerliches dadurch exkulpieren können, indem sie einen fachkundigen Rat einholen. Auf einen solchen Expertenrat können sie vertrauen und sich im Schadensfall darauf berufen.[194] Es ist dabei jedoch von entscheidender Bedeutung, dass der Rat auch wirklich von einer fachkundigen Person, nicht von der erstbesten erreichbaren, gegeben wurde, siehe z.B. das in Kapitel 2.2.3.4. behandelte „Ision-Urteil".

Diese verschiedenen Maßnahmen sollen dabei behilflich sein, dass die Mitglieder der Organe ihre Tätigkeiten so ausüben können, dass der Gesell-

---

[192] Vgl. Freidank, Entwicklung eines Haftungsmanagementsystems, 2013, S.1 ff.
[193] Vgl. Köcher, Corporate Compliance, 2010
[194] Vgl. Wellhöfer, Die Haftung von Vorstand, Aufsichtsrat und Wirtschaftsprüfern, 2008, S. 328

schaft kein Schaden entsteht. Sofern es zu keinem Schaden bei der Gesellschaft kommt, können auch keine Haftungsansprüche gegen einen Vorstand oder Aufsichtsrat ausgelöst werden.

4.2. Ausschluss der Haftung von Aufsichtsrat & Vorstand

Die Haftung des Vorstandes sowie des Aufsichtsrates kann ausgeschlossen werden. Dies bedeutet, dass obwohl eine evtl. schädliche Handlung geschehen ist, die Organe dafür nicht in Regress genommen werden. Diese Macht hat einzig und allein die Hauptversammlung. Es gibt zwei verschiedene Arten durch welche die Hauptversammlung darauf verzichten kann, dass Aufsichtsrat oder Vorstand die Verantwortung übernehmen müssen. Zum einem kann dies dadurch geschehen, dass die Hauptversammlung im Vorhinein die Handlungen legitimiert und zum anderen dadurch, dass sie im Nachhinein auf Ersatz des Schadens verzichtet.

4.2.1. Legitimation durch die Hauptversammlung

Eine Alternative um die Organhaftung auszuschließen, ist das Handeln des entsprechenden Organs zu legitimieren. Dies kann geschehen indem auf die Haftung gegenüber dem Vorstand bzw. dem Aufsichtsrat verzichtet wird. Diese Macht besitzt die Hauptversammlung. In § 93 Abs. 4 AktG ist dies geregelt. Hat die Hauptversammlung einen entsprechenden Beschluss gefasst, so muss der Vorstand diesen Beschluss ausführen. Dargelegt ist diese Pflicht in § 83 Abs. 2 AktG. Kommt der Vorstand/Aufsichtsrat also lediglich seiner Pflicht nach und setzt um, was jedoch die Hauptversammlung besiegelt hat und erleidet die Gesellschaft infolge dessen einen Schaden, so dürfen die anderen Organe der Gesellschaft dafür nicht zur Verantwortung gezogen werden. Es muss sich dabei allerdings um eine echte Willenserklärung der Hauptversammlung handeln. Eine reine Meinungsäußerung hat keine rechtliche Handhabung. Weiterhin muss der Entschluss der Hauptversammlung gefällt worden sein, bevor die Verantwortlichen die entsprechende Handlung ausgeführt haben. Sollten sich die Umstände nach dem Entscheid in der Hauptversammlung wesentlich verändert haben und der Vorstand/Aufsichtsrat führt den Beschluss dennoch aus, so erlischt zudem seine Immunität. Ein Beispiel wäre, wenn die Hauptversammlung beschließt, dass die Gesellschaft in ein Unternehmen investieren soll, das kurz darauf in starke wirtschaftliche Schwierigkeiten gerät. In diesem Fall muss die Hauptversammlung erneut zu diesem Beschluss Stellung beziehen, um die Mitglieder des Kontroll- und Geschäftsführungsorgane vor einer evtl. Haftung zu schützen. Die Hauptversammlung kennt mit ihrer Beschlussfassung aber auch Grenzen. Es kann nicht wahllos alles entschieden werden, sondern der Beschluss muss gesetzmäßig sein und somit weder nichtig noch anfechtbar. Legt die Hauptversammlung beispielsweise fest, dass der Vorstand Steuern hinterziehen soll um den Gewinn zu steigern, so kann er sich später nicht dadurch exkulpieren, dass es von der Hauptversammlung so bestimmt worden ist.[195] Diese Haftungsbeschränkung des Vorstandes und des Aufsichtsrates durch die Hauptversammlung gilt ausschließlich im Innenverhältnis und nicht gegenüber Dritten. Nicht von der Haftung entbunden werden kann der Vorstand durch den Aufsichtsrat gem. § 93 Abs. 4 AktG. Im Falle, dass der Aufsichtsrat eine Entscheidung des Vorstandes i.S.d. § 111 Abs. 4 AktG von seiner Zustimmung abhängig macht, entbindet es den Vorstand nicht von seiner Verantwortung. Grund für diese Diskrepanz ist, dass der Vorstand bei dem Beschluss der Hauptversammlung i.d.R. weisungsgebunden ist, beim Aufsichtsrat nicht. [196]

4.2.2. Verzicht auf Verfolgung von Schadensersatz

Ebenso in § 93 Abs. 4 AktG ist geregelt, dass die Hauptversammlung direkt auf Ansprüche der Gesellschaft gegenüber dem Vorstand sowie Aufsichtsrat verzichten kann. Um diesen Ausschluss der Haftung zu erreichen, ist ein formeller Entschluss der Hauptversammlung mit einer einfachen Mehrheit

---

[195] Vgl. Martinho Lotz, Haftung des Vorstandes der Aktiengesellschaft, 2013, S. 153 f.
[196] Vgl. Raguß, Der Vorstand einer Aktiengesellschaft, 2009, S. 265

nach § 133 AktG von Nöten. Halten Mitglieder des Vorstandes selbst Aktien des Unternehmens, sind also Aktionäre und für gewöhnlich selbst stimmberechtigt, dürfen sie dennoch in diesem Punkt keine Stimme abgeben gem. § 136 Abs. 1 AktG. Zudem sollen die Minderheitsaktionäre dadurch geschützt werden, dass sie ein Vetorecht haben. Kommt es zu einem Widerspruch der Aktionäre, die zehn Prozent vom Grundkapital der AG halten, kann der entsprechende Beschluss nicht durchgeführt werden. Um eine Fehlinterpretation des Schadens, den der Vorstandes bzw. Aufsichtsrat mit seinen Verhalten verursacht hat, zu vermeiden, gibt es eine Frist von drei Jahren, die einzuhalten ist. Mit Entstehung des Anspruches beginnt diese Zeitspanne und endet nach drei Jahren. Es handelt sich dabei jedoch nicht um eine Verjährungsfrist, womit § 199 BGB keine Anwendung findet. Obwohl dieser zeitliche Aufschub durchaus seinen Sinn hat, namentlich, dass alle Auswirkungen bekannt sind, bevor voreilig auf Ansprüche verzichtet wird, wird dieser Regelung in der Literatur durchaus kritisch gegenübergestanden. Dies hat ebenso einen triftigen Grund und zwar, dass es die Beilegung von strittigen Ansprüchen in die Länge zieht und frühzeitige Rechtssicherheit verhindert. Wird ein solcher Beschluss vor Ablauf der dreijährige Frist verabschiedet, so gilt er als nichtig. Eine Heilung ist ausgeschlossen. Einigt sich die Hauptversammlung darauf, Schadensersatzansprüche gegenüber dem Vorstand und/oder Aufsichtsrat aufzugeben, so gilt dies für sämtliche Ansprüche der Gesellschaft. Ausgenommen sind davon jedoch die unmittelbaren Schadensersatzansprüche von Aktionären i.S.d. § 823 Abs. 1 BGB. Der Verzicht der Hauptversammlung erstreckt sich gem. § 93 Abs. 5 nicht auf die Gläubiger der Gesellschaft.[197] Ebenso nicht wirksam sind sog. Generalverzichtsklauseln. In diesen wird regelmäßig vereinbart, dass gegenseitig auf alle bestehenden aber auch zukünftigen Ersatzansprüche verzichtet wird, egal ob diese bekannt sind oder nicht. Diese Klausel ist vor dem Gesetz jedoch unwirksam, da nur auf Ersatz derjenigen Sachverhalte verzichtet werden kann, von welchen die Verantwortlichen Kenntnis haben. Hintergrund dieses Verbotes ist selbiger, der hinter der dreijährigen Frist steht. Konkret bedeutet dies, dass der Sach-

---

[197] Vgl. Martinho Lotz, Haftung des Vorstandes der Aktiengesellschaft, 2013, S. 155 f.

verhalt klar sein muss, sowie alle Konsequenzen die sich dadurch ergeben ebenfalls bekannt sein müssen.[198]

4.2.3. Entlastung durch die Hauptversammlung

Nicht mit dem Verzicht auf die Haftung zu verwechseln ist die Entlastung von Vorstand oder Aufsichtsrat gem. § 120 Abs. 2 AktG. Dieser Beschluss der Hauptversammlung besitzt keinerlei präklusive Wirkung, damit ist die Geltendmachung von Ersatzansprüchen i.S.d. §§ 147, 148 AktG weiterhin möglich. Es wird mit dieser Bestimmung lediglich genehmigt, dass der Vorstand sowie der Aufsichtsrat dafür zuständig sind, die Gesellschaft zu verwalten.[199]

4.2.4. Vergleich mit Hauptversammlung

Neben einem kompletten Verzicht besteht noch die Alternative, dass ein Vergleich zwischen den Betreffenden abgeschlossen wird. Dies kann gerichtlich aber ebenso außergerichtlich geschehen. Wie beim Verzicht gilt auch beim Vergleich die Dreijahresfrist.[200] Gem. § 779 Abs. 1 BGB handelt es sich bei einen Vergleich im rechtlichen Sinne um einen der Vertrag zwischen zwei oder mehreren Personen geschlossen wird. Ziel dieses Vertrages ist es einen gerichtlichen oder außergerichtlichen Disput beizulegen, indem die Vertragsparteien aufeinander zugehen.[201] Unter Berücksichtigung dieser Definition ist klar erkenntlich, dass bei einem Vergleich der Vorstand oder Aufsichtsrat regelmäßig nicht gänzlich von seinem Ersatzanspruch entbunden wird, sondern dieser lediglich abgemildert wird. Da die Haftung unbeschränkt ist und leicht in Millionenhöhe gehen kann, kann es dennoch für die Schuldner eine geeignete Alternative darstellen.

---

[198] Vgl. Raguß, Der Vorstand einer Aktiengesellschaft, 2009, S. 266
[199] Vgl. Martinho Lotz, Haftung des Vorstandes der Aktiengesellschaft, 2013, S. 157
[200] Vgl. Raguß, Der Vorstand einer Aktiengesellschaft, 2009, S. 265
[201] Vgl. Köhler, BGB, 2013, S. 220

4.3.   Schutz der Organe durch Versicherung

Eine weitere Möglichkeit, um die persönliche Haftung der Mitglieder der Kon-
troll- und Geschäftsführungsorgane zu begrenzen, ist mittels von Versicherungen. Hierbei wird sich zunächst mit der D & O Versicherung beschäftigt.
Diese ist in den letzten Jahren immer wichtiger geworden. Mittlerweile haben
ca. 80% der großen Unternehmen in Deutschland eine solche Versicherung.
[202] Im Anschluss werden sonstige Versicherungen behandelt. Diese fallen in
ihrer Bedeutung und ihrem Schutz jedoch stark hinter der D & O Versicherung zurück.

4.3.1.   Die D&O Versicherung

Eine weitere Möglichkeit um die persönliche Haftung der Mitglieder der Kon-
troll- und Geschäftsführungsorgane zu begrenzen, ist eine sog. D&O Versicherung. Während in den USA diese Art des Schutzes bereits seit vielen
Jahrzehnten zum Einsatz gekommen ist, ist es in Deutschland erst seit Mitte
der neunziger Jahre des letzten Jahrhunderts ein genutztes Instrument, um
die Haftung zu umgehen. Nicht zufällig fällt dies mit dem Zeitraum zusammen, in dem die Organhaftung in der Öffentlichkeit und in den Gerichtssälen
vermehrt Aufmerksamkeit bezogen hat. [203]

4.3.1.1.   Konzept der D&O Versicherung

Eine solchen D&O Versicherungspolice funktioniert, indem eine Versicherung
für fremde Rechnung gem. §§ 74 ff. VVG abgeschlossen wird. Dies bedeutet,
das nicht derjenige, der in der Versicherung begünstigt ist, sondern ein anderer die Police mit einem Dritten abschließt. In diesem Fall heißt das konkret,
dass die Gesellschaft eine Versicherung abschließt, mit einer Versicherungsgesellschaft zugunsten des Vorstandes und/oder Aufsichtsrates. In §

[202]Vgl. Tödtmann, Hinter verschlossenen Türen, 2011
[203] Vgl. Eibelshäuser, Unternehmensüberwachung als Element der Corporate Governance, 2010 S. 215

75 VVG wird definiert, dass auch nur dem Versicherten die Rechte aus dieser Police zustehen, nicht demjenigen, der die Versicherung abgeschlossen hat. Verpflichtet zum Entrichten der Prämienzahlungen ist hingegen die Gesellschaft. Indirekt profitiert die Gesellschaft im Schadensfall selbstverständlich dennoch dadurch, dass der Schaden, den das Unternehmen aufgrund einer Pflichtverletzung erlitten hat, ersetzt wird.[204] Dies ist nicht selbstverständlich, da der angerichtete Schaden oft Höhen erreicht, welche die bürgerliche Existenz, auch die eines gut situierten Vorstandes, leicht überschreitet.

Die nachfolgende Graphik verdeutlicht die unterschiedlichen Beziehungen, welche die drei Beteiligten beim Abschluss einer D&O Versicherungspolice untereinander haben.

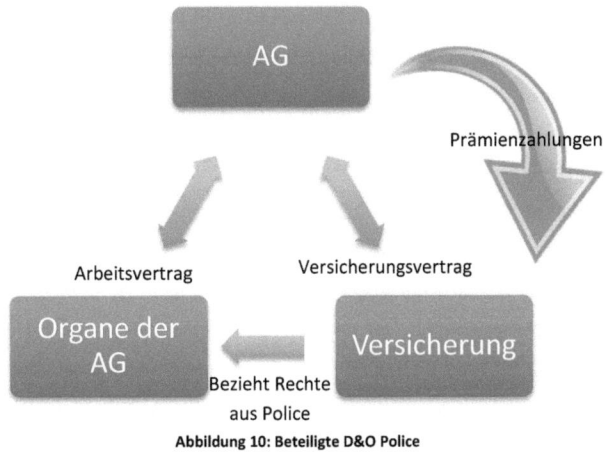

Abbildung 10: Beteiligte D&O Police

4.3.1.2. Schutz der D & O Versicherung

Der Sinn hinter dem Abschließen einer solchen Versicherung ist selbstredend. Die Mitglieder der Organe sind davor geschützt, schadensersatzpflichtig zu werden, für den Fall, dass sie eine Pflichtverletzung im Rahmen ihrer Tätigkeit für die Gesellschaft begehen. Die Versicherung gilt für jede Art der Haftung. D.h. die D&O Versicherungen decken sowohl Schadensfälle im Be-

---

[204] Vgl. Schmitt, Organhaftung und D und O Versicherungen, 2007, S. 100 f.

reich der Außenhaftung, als auch bei der Haftung gegenüber der Gesellschaft selber, sowie ebenso bei Haftungsansprüchen, welche die Mandatsträger untereinander haben können. Für Ansprüche, die der Insolvenzverwalter im Insolvenzfall erhebt, bietet die Versicherung ebenfalls Deckung, sofern
das pflichtwidrige Verhalten vor dem Eintritt der Insolvenz begangen wurde.
Nicht durch die Versicherung geschützt sind vertragliche Haftungsansprüche,
welche die Gesellschaft in ihren Anstellungsverträgen niedergeschrieben
haben. Die Voraussetzung dafür, dass die Ansprüche aus der D&O Versicherungspolice gedeckt sind, besteht darin, dass es sich um gesetzliche Haftungsansprüche handelt, ob diese dann privatrechtlichen Inhalts sind ist wiederum nicht relevant. Eine weitere Bedingung ist, dass sich die Forderungen
gegen die Vorstände und Aufsichtsräte an diese als natürliche Person richten
und nicht gegen die Gesellschaft als solche als juristische Person. Zudem
muss es sich bei dem erlittenen Schaden um einen reinen Vermögensschaden handeln, welche in der Police definiert ist, jedoch lediglich im negativen
Sinne. Konkret bedeutet dies, dass im Versicherungsvertrag vereinbart ist,
dass die Versicherungsgesellschaft keine Personen- und/oder Sachschäden
übernehmen wird. Es bleibt demnach beim Vermögensschaden. Die Kosten
welche die D&O Police deckt, setzen sich aus zwei Teilen zusammen. Zum
einem verhält sie sich wie eine Rechtsschutzversicherung, begleicht also
Kosten, die bei der Abwehr von Ansprüchen die nicht gerechtfertigt sind an-
fallen, z.B. Anwaltskosten. Der andere Teil ist eine klassische Haftpflichtver-
sicherung, die Schaden bezahlt, für die tatsächlich ein gerechtfertigter Anspruch besteht.[205] Nicht enthalten im Versicherungsschutz sind Vertragsstra-
fen wie Geldbußen, die ein Vorstand oder Aufsichtsrat entrichten muss. Sofern ein Mandatsträger wissentlich gegen eine seiner ihm obliegenden Pflichten verstößt, ist dieser Schaden ebenso nicht durch die Versicherung gedeckt. Weiterhin herrscht selbstverständlich auch hier die Vertragsfreiheit. Es
ist also durchaus möglich und in der Praxis üblich, mit Hilfe von Ausschluss-
klauseln, bestimmte Pflichtverletzungen explizit auszuschließen.[206] Der große Vorteil für die Gesellschaften bei der Versicherung besteht darin, dass die
AG zumindest einen Teil ihres Verlustes ersetzt bekommt. Es ist zwar so,
dass Ersatzansprüche gegen die Organe geltend gemacht werden können,

---

[205] Vgl. Schmitt, Organhaftung und D und O Versicherungen, 2007, S. 101 ff.
[206] Vgl. DGB, Angemessene Vorstands- und Aufsichtsratsvergütung, 2003, S. 13

aber in den meistens Fällen wird lediglich ein Bruchteil des Schadens gedeckt werden können. Die Versicherung übernimmt zwar i.d.R. auch nur eine gewisse Summe ab, jedoch diese unter normalen Umständen deutlich mehr als den Anteil, den die Privatpersonen entrichten könnten. Dies gilt jedoch nur sofern die Police zahlt. Unter dem Hintergrund, dass solche Schadensfälle immer häufiger werden und somit immer teurer aus Sicht des Versicherungsunternehmens, häufen sich die Fälle in denen der Versicherungsschutz deutliche Lücken aufweist, z.b. beim Fall der Hypo Alpe Adria in Kapitel 2.4.3. Nicht selten sind vom AG Sichtpunkt aus, ungünstige Vergleiche mit den Versicherungen das Resultat.[207]

4.3.1.3. Selbstbehalt bei D & O Versicherungen

Um die Mitglieder des Aufsichtsrates und insbesondere des Vorstandes nicht dazu zu verleiten, allzu leichtfertig mit ihren Pflichten umzugehen, gibt es den sog. Selbstbehalt. Dieser besagt, dass im Schadensfall der Mandatsträger einen vereinbarten Anteil der Schadensersatzsumme selbst bezahlt. Der DCGK hat dazu eine Empfehlung herausgegeben. Gem. Abs. 3.8 sollen wenigstens zehn Prozent des entstanden Schadens bis mindestens in derselben Höhe, wie das fixe Gehalt von eineinhalb Jahren vom Verursacher zu begleichen sein. Für Aufsichtsräte handelt es sich tatsächlich um eine reine Empfehlung, welches als Verhaltenssteuerungsinstrument genutzt werden kann. Bei Vorständen sieht die Rechtslage seit Verabschiedung des VorstAG anders aus. In § 93 Abs. 2 AktG wurde gesetzlich festgelegt, das ein Selbstbehalt beim Vorstand verbleiben muss, für den Fall das die Gesellschaft eine solche D&O Versicherungspolice zu seinen Gunsten abschließt.[208]

---

[207] Vgl. Tödtmann, Hinter verschlossenen Türen, 2011
[208] Vgl. Eibelshäuser, Unternehmensüberwachung als Element der Corporate Governance, 2010 S. 215

4.3.2.   Weitere Versicherungen

Für die Kosten im Prozessfall können noch weitere Versicherungen für den Vorstand und den Aufsichtsrat abgeschlossen werden. Die Firmenstrafrechtschutzversicherung, auch genannt Industriestrafrechtsversicherung, deckt die Kosten bei einem Prozess Straf- oder Ordnungswidrigkeitsverfahren. Diese Versicherung trägt jedoch lediglich die Kosten für den Prozess, also Strafverteidigung, Sachverständige sowie die entstandenen Gerichtskosten. Die Strafe wird nicht aus der Versicherung bezahlt. Wie bei der D&O Versicherung ist auch hier die Gesellschaft der Versicherungsnehmer. Für Gerichtsverfahren von zivil- und strafrechtlicher Natur kann eine sog. Manager-Rechtsschutzversicherung abgeschlossen werden. Bei dieser Versicherung kommt als Versicherungsnehmer entweder wieder die AG in Frage oder aber die Mitglieder des Vorstandes bzw. Aufsichtsrates selber. Die Versicherung gilt sowohl bei Ansprüchen gegenüber Dritten als in Bezug auf die eigene Gesellschaft. Ein Vermögenschaden, der durch die Organmitglieder verursacht wurde, wird jedoch nicht durch die Police gedeckt.[209] Damit haben diese Versicherungen einen erheblichen Nachteil gegenüber der D&O Versicherung, da sie Vermögensschäden gar nicht decken bzw. nicht wirklich hilfreich sind bei der Abwehr unbegründeter Ansprüche. Bei Forderungen, die tatsächlich durchgesetzt werden, bleibt der Vorstand/Aufsichtsrat auf dem Schadensersatz sitzen, welche i.d.R. einen erheblich größeren Anteil ausmachen, als die durch die Versicherung abgedeckten Prozesskosten.

4.4.   Ausblick Haftungsvermeidungsstrategien

Neben den Praktiken, die sich bereits in der Praxis bewähren, wird nach neuen Wegen gesucht um die Haftung abzumildern oder zu vereiteln. Aus diesem Grund beschäftigen sich die Gesellschaften bzw. Manager, aber auch die Literatur immer mehr mit dem Thema der Haftungsvermeidungsstrategien. Jüngst geschehen ist dies im September 2014 auf dem 70. Deutschen Juristentag. Bei diesem Anlass wurde über eine mögliche Reform der

---

[209] Vgl. Raguß, Der Vorstand der Aktiengesellschaft, Jahr, S. 140

Organhaftung in Deutschland diskutiert. Unter anderem ist argumentiert wurden, ob der Verschuldensmaßstab reduziert werden sollte. Ebenso wurde vorgebracht, Haftungshöchstgrenzen für die Organe der AG festzulegen. Dies sollte im Rahmen einer Ergänzung des § 23 Abs. 5 AktG geschehen. Eine solche Beschränkung der Haftungssumme würde jedoch direkt der im Gesetz dargelegten unbeschränkten Haftung widersprechen. Momentan sind also eine Herabsetzung des Verschuldensmaßstabs, wie auch eine Haftungshöchstgrenze keine Mittel zur Haftungsvermeidung. Ob sich dies in den kommenden Jahren ändern könnte, ist offen.[210]

4.5. Zwischenfazit Haftungsvermeidungsstrategien

Es lässt sich zusammenfassend sagen, dass es keine Möglichkeit gibt, die Haftung hundertprozentig auszuschließen. Es ist jedoch nicht unbedingt gewollt, dass die Mitglieder der Organe nicht für ihre Verfehlungen im Rahmen ihrer Tätigkeit haften, da es im direkten Wiederspruch zu den Regelungen im Gesetz stehen würde. Dies soll auch und gerade in finanzieller Hinsicht geschehen. Eine (zu) sichere Methode um sich aus der finanziellen Verantwortung zu ziehen, wäre wahrscheinlich eher kontraproduktiv für das Verhalten der Verantwortlichen. Aus dem Blickwinkel der Mandatsträger ist es jedoch ein erhebliches Risiko, evtl. mit ihrem gesamten Privatvermögen zu haften und danach immer noch Schulden zu besitzen. Deswegen ist es nur allzu verständlich, dass die Mitglieder des Vorstandes und Aufsichtsrats die Haftung möglichst vermeiden möchten. Es gibt aus diesem Grund auch Vorstöße, wie z.B. um neue Wege zu finden, wie z.B. eine Haftungsgrenze. Inwiefern sich die Haftungsvermeidung in den nächsten Jahren weiter entwickelt, kann nicht gesagt werden. Unter Berücksichtigung der Tatsache, dass sich die Rechte und Pflichten weiterentwickeln ist dies nur natürlich, dass es immer neue Anstrengungen im Bereich der Haftungsvermeidung gibt. Die D&O Versicherungen beispielsweise sind im deutschen Rechtsraum noch ein vergleichsweise junges Instrument zur Haftungsvermeidung. In Kapitel vier wur-

---

[210] Vgl. Fleischer, Satzungsmäßige Haftungshöchstgrenzen und andere Haftungsmilderungen für Aufsichtsratsmitglieder?, 2014, S. 7

den verschiedene alternative Strategien vorgestellt. Jede davon hat Vorteile für die Beteiligten, jedoch auch Nachteile.

Die naheliegendste Art und Weise sich vor Haftungsansprüche zu schützen besteht darin, sich als Vorstand und Aufsichtsrat keine Pflichtverletzungen zu Schulden kommen zu lassen. Dafür haben sie ein Arsenal an Instrumenten zur Verfügung, um ihre Aufgabe so gut es geht zu erledigen. Darunter fällt auch, dass sie ihre Geschäftsvorfälle und Maßnahmen genau dokumentieren, um sich gegen Ansprüche zu wehren. Obwohl sie sich keiner Pflichtverletzung schuldig gemacht haben, ist es möglich, dass unbegründete Ansprüche gegen die Mandatsträger geltend gemacht werden. Da die umgekehrte Beweislast in diesen Fällen gilt, ist eine ausreichende Sicherung aller relevanten Unterlagen und Dokumente von erhöhter Bedeutung. Außerdem ist diese Strategie zwar relativ sicher, aber nicht immer ganz einfach einzuhalten.

Die Hauptversammlung kann entweder die Handlungen vom Vorstand/Aufsichtsrat legitimieren oder aber auf die Durchsetzung der Ansprüche im Nachhinein verzichten. Bei der Legitimierung werden im Vorfeld Geschäfte oder Praktiken von der Hauptversammlung beschlossen, welche dann i.d.R. ausgeführt werden müssen. Dies führt zu einem hohen Maß an Sicherheit für die Mitglieder des Vorstandes/Aufsichtsrates, da diese sich unter normalen Umständen durch den Beschluss exkulpieren können, wenn es zum Schaden kommt. Der Verzicht hingegen geschieht, nachdem die AG durch das Verhalten des Aufsichtsrates bzw. Vorstandes einen Schaden erlitten hat. In diesem Fall herrscht, insbesondere wegen der dreijährigen Frist, lange keine Rechtsklarheit.

Der Schutz durch eine D&O Versicherungspolice hat im Gegensatz zur gerade erläuternden Methode den Vorteil, dass die Betroffenen im Vorfeld wissen, welche Ihrer Handlungen wie abgesichert und nicht auf die „Gnade" der Hauptversammlung angewiesen sind. Eine völlige Sicherheit bietet jedoch auch diese Haftungsvermeidungsalternative nicht, da erstens nicht alle Pflichtverletzungen gedeckt werden, zweitens, zumindest bei Vorständen, ein Selbstbehalt gesetzlich vorgeschrieben ist und drittens nicht selten von Versicherungsseite der Versuch unternommen wird, den Deckungsbeitrag zu drücken. Diese Einschränkungen in Bezug auf den Schutz, den die Versicherung bietet, sollen zum Teil verhaltensfördern wirken. Der Sinn dahinter ist leicht ersichtlich, dass z.b. vorsätzlich pflichtwidriges Verhalten von dem Versicherungsschutz ausgenommen wird. Im Kapitel 2.4.1. wurde beispielsweise der Interessenkonflikt von Vorstand beim Management Buy-In angesprochen. Würde jetzt ein Vorstand wissentlich einen schlechten Preis für die Anteile der Gesellschaft erzielen, um privaten Nutzen daraus zu ziehen und der Schaden der Gesellschaft würde von der Versicherung beglichen, wäre dies kontraproduktiv. Das pflichtwidrige Verhalten würde eher belohnt werden. Die beiden anderen Policen, die Firmenstrafrechtschutzversicherung sowie die Manager-Rechtschutzversicherung spielen eher eine untergeordnete Rolle und bieten weit weniger Schutz als die D&O Versicherung. Einzig als positiver Punkt gegenüber der D&O-Versicherungspolice hervorzuheben ist, dass bei der Manager-Rechtschutzversicherung die Mitglieder des Vorstandes bzw. des Aufsichtsrates selbst Versicherungsnehmer sein können.

5. Fazit

Sinn und Zweck dieser Arbeit war es, die Haftungsfrage bzgl. Aufsichtsrats- und Vorstandsmitgliedern darzulegen. Dabei wurde einerseits auf die verschiedenen Pflichten der Organmitglieder eingegangen. Zweitens wurde erklärt, was die Folgen beim Nichteinhalten dieser Pflichten seien können und drittens wie sich gegenüber den evtl. Konsequenzen geschützt werden kann. Zur Erreichung dieses Zieles sind zunächst die theoretischen Grundlagen erörtert worden. Es wurden die Aufgaben des Aufsichtsrates sowie Vorstandes identifiziert. Die Art, wie und woher mögliche Haftungsansprüche auftreten können wurden erläutert, jeweils aus der Perspektive des Aufsichtsrates und jener des Vorstandes. Das Kernstück dieser Arbeit bildet das Kapitel der Innenhaftung. Die Begründung liegt darin, dass beide, sowohl Vorstand als auch Aufsichtsrat, Innenorgane der Gesellschaft darstellen und somit die Haftung im Innenverhältnis der Regelfall ist, während die Außenhaftung die Ausnahme bildet. Welche Vorrausetzungen genau erfüllt sein müssen, belegt durch die aktuelle Rechtsprechung, wurde detailliert aufgeführt. Zudem widmete sich diese Thesis der Vermeidung von persönlicher Haftung der Mandatsträger.

Gemäß seiner angestammten Funktion ist es die wichtigste Aufgabe des Aufsichtsrats, den Vorstand ordnungsgemäß zu überwachen und einzuschreiten, wenn es Fehlentwicklungen gibt. Um diese Aufgabe mit gebotener Sorgfalt verrichten zu können, ist ein gutes Informationssystem von oberster Priorität. Zwar obliegt dem Vorstand nach mehrheitlicher Meinung eine Bringschuld, jedoch kann sich der Aufsichtsrat nicht allein darauf berufen, nichts gewusst zu haben. Insbesondere in wirtschaftlich schweren Zeiten kann sich der Aufsichtsrat nicht darauf verlassen, dass ihm alle Informationen zugetragen werden. Er muss vielmehr selbst Recherchen anstellen und seine Informationsquellen auf andere interne und externe Quellen ausweiten. Eine gewisse unternehmerische Teilpflicht wird dem Aufsichtsrat mittlerweile ebenso zuteil. Im Zuge seiner verstärkten Kontrolle ist auch der Vorstand vermehrt unter Druck geraten, sei es bei seiner Vergütung oder der Verfolgung von Ersatzansprüchen. Um sich nicht selber haftbar zu machen, sind

Aufsichtsräte heutzutage quasi dazu verpflichtet all diesen Aufgaben angemessen und mit einer gewissen Härte nachzugehen.

Die wesentlichen Pflichten des Vorstandes sind zum einem die Pflicht zur ordnungsgemäßen Geschäftsführung, sowie die Einhaltung der Treue– und Verschwiegenheitspflicht. Dabei muss sein oberstes Ziel stets sein, der Gesellschaft nicht nur keinen Schaden durch sein Verhalten zuzufügen, sondern möglichst immer zum konkreten Wohle der Gesellschaft beizutragen. Es dürfen keine eigenen Interessen im Vordergrund stehen, auch und besonders dann, wenn es zu Interessenskonflikten kommt. Dieses Leistungssoll, sowie weitere besondere Pflichten, können bereits vor der offiziellen Gründung der Gesellschaft beginnen und bleiben ebenso im Insolvenzfall erhalten.

Ein unmittelbarer Haftungsanspruch von Außenstehenden, der Gesellschaft nicht zugehörigen Personen, stellt eine Abweichung von der Norm dar. I.d.R. ist die Gesellschaft nach außen hin für die Verfehlungen seiner Aufsichtsrats- sowie Vorstandsmitglieder verantwortlich. Ein reiner Reflexschaden führt ohnehin zu keinerlei Ansprüchen, weder gegen Vorstand/Aufsichtsrat noch gegen die Gesellschaft. Ein Aktionär muss stets einen eigenen Schaden, der über den reinen Kursverlust etc. hinausgeht, beweisen können. Allerdings ist auch im Fall eines Eigenschadens eine erfolgreiche Beweisführung vor Gericht äußert mühsam. Dies wird insbesondere am Beispiel der ad-hoc-Mitteilungen deutlich. Zum einem muss nachgewiesen werden, dass der Vorstand die fehlerhafte Mitteilung absichtlich publiziert hat, und zum anderem muss er einen glaubhaften Kausalitätsnachweis zwischen Mitteilung und Kaufentscheidung erbringen, um einen Schadensersatz gegenüber den Vorstand des betreffenden Unternehmens geltend zu machen. Für den Aufsichtsrat gibt es eine weitere Hürde, aus Aktionärssicht, bzw. einen Schutz, aus Aufsichtsrats Sicht, nämlich, dass der Aufsichtsrat nur akzessorisch haftet. Unter Berücksichtigung der Aufgabenverteilung kann es nicht anders sein. Der Vorstand veröffentlicht und der Aufsichtsrat hat dies zu prüfen. Aus diesem Grund ist es faktisch ein Ding der Unmöglichkeit, dass der Aufsichtsrat haftet und der Vorstand nicht. Andersherum ist es denkbar, da der Aufsichtsrat sich möglichweise exkulpieren kann. Hier kommt es wieder darauf an, inwieweit der Aufsichtsrat Anstrengungen unternommen hat, um alle relevanten Informationen zur Verfügung zu haben. Dies ist jedoch in den meisten Fällen eine Frage, die individuell nach Sachlage beurteilt werden muss.

Die Haftungsvermeidungsstrategien sind in den letzten Jahren ein immer wichtigerer Bestandteil für Aufsichtsrat/Vorstand sowie ihre Gesellschaften geworden. Das hängt damit zusammen, dass so eine Strategie für solche Eventualitäten erst seit Ende der neunziger Jahre akut ist. Es liegt im Ermessen der Mitglieder des Vorstandes und Aufsichtsrates in Zusammenarbeit mit der AG, ob eine eher allgemeingültige Variante, wie die Versicherung oder eher eine einzelfallbezogene, wie der Ausschluss der Haftung durch die Hauptversammlung, gewählt wird. Keine der Strategien ist unfehlbar und, mit Ausnahme der Vermeidung eines Schadens, soll dies auch nicht der Fall sein. Würde durch bestimmte Vorkehrungen die Haftung wieder gänzlich ausgeschlossen werden, wäre dies wohl nachteilig für die Gesellschaft, ihre Aktionäre und Gläubiger.

Es wird in den nächsten Jahren und Jahrzenten vermutlich weitere Neuerungen und Ergänzungen, neue Rechte und mehr Pflichten geben. Die Frage der Organhaftung aber auch die Vermeidung selbiger, ist ein hochaktuelles Thema. Es wird im Zuge von guter Corporate Governance und neuen gesetzlichen Regelungen bzw. Gesetzentwürfen versucht, von außen positiv auf die Unternehmen einzuwirken. Noch lange ist die Rechtslage dazu in vielen Bereichen jedoch nicht eindeutig bzw. vollständig. Dies sieht man deutlich daran, dass die verschiedenen gerichtlichen Instanzen immer wieder unterschiedliche Urteile fällen. Auf der anderen Seite haben auch schon viele Grundsatzentscheidungen zu mehr Rechtsklarheit geführt. Der Trend in den letzten Jahren ist zudem ganz klar Richtung Professionalisierung des Aufsichtsrats gegangen. Bedingt durch ihr Verhältnis wirkt sich dies auch verhaltensfördernd auf den Vorstand aus. Diese Entwicklung der letzten Jahrzehnte hat dafür gesorgt, dass die Organmitglieder vermehrt die Konsequenzen für ihr Handeln übernehmen müssen, indem sie sich gegenüber der Gesellschaft sowie deren Stakeholdern verantworten. Momentan gibt es keinen Anlass davon auszugehen, dass dieser Prozess nicht so weitergeht.

Quellenverzeichnis

Papiergebundene Quellen

Gabler Kompakt-Lexikon Wirtschaft. 4.500 Begriffe nachschlagen, verstehen, anwenden (2013). 11., akt. Aufl. 2013. Korr. Nachdruck 2012. Wiesbaden: Springer Fachmedien Wiesbaden; Imprint: Springer Gabler (SpringerLink : Bücher).

Becker, Michael (1997): Verwaltungskontrolle durch Gesellschaftenrechte. Eine vergleichende Studie nach deutschem Verbandsrecht und dem amerikanischen Recht der corporation. Tübingen: Mohr Siebeck (Beiträge zum ausländischen und internationalen Privatrecht, bd. 62).

Becker, Sebastian; Henn-Frodermann-Jannott (2009): Handbuch des Aktienrechts. 8., völlig neu bearb. und erw. Aufl. Hg. v. Jürgen Frodermann. Heidelberg: Müller (Wirtschaftsrecht).

Beckmann, Stefanie (2009): Die Informationsversorgung der Mitglieder des Aufsichtsrats deutscher börsennotierter Aktien-gesellschaften. 1. Aufl. Wiesbaden: Betriebswirtschaftlicher Verlag Gabler.

Binder, Jens-Hinrich (2008): Rechtliche Grundlagen des Risikomanagements. Haftungs- und Strafvermeidung für Corporate Compliance. Hg. v. Frank Romeike. Berlin: Erich Schmidt.

Brauweiler, Hans-Christian (2008): Unternehmensführung heute. München: Oldenbourg.

Diederichs, Marc; Kißler, Martin (2008): Aufsichtsratreporting. [Corporate Governance, Compliance und Controlling]. München: Vahlen.

Eibelshäuser, Beate (2011): Unternehmensüberwachung als Element der Corporate Governance. Eine Analyse der Aufsichtsratstätigkeit in börsennotierten Unternehmen unter Berücksichtigung von Familienunternehmen. 1. Aufl. Wiesbaden: Gabler (Galer research : Rechnungswesen und Unternehmensüberwachung).

Gall, Lothar (2006, c2004): Der Bankier Hermann Josef Abs. Eine Biographie. 1. Aufl. in der Beck'schen Reihe. München: C.H. Beck.

Grieger, Alexander (2010): Corporate Crime und Compliance. Die straf- und zivilrechtliche Verantwortlichkeit eines börsennotierten Industriekonzerns und dessen Organe für Wirtschaftsdelikte seiner Mitarbeiter. Hamburg: Diplomica-Verl. (Jus novum, 16).

Grundei, Jens (Hg.) (2011): Der Beitrag von Aufsichtsräten zu guter Corporate Governance. Möglichkeiten und Grenzen aus juristischer und betriebswirtschaftlicher Perspektive. 1., neue Ausg. Wiesbaden: Betriebswirtschaftlicher Verlag Gabler (FOM-Edition).

Hofmann, Stefan (2008): Handbuch Anti-Fraud-Management. Bilanzbetrug erkennen, vorbeugen, bekämpfen. Berlin: Schmidt.

Hüffer, Uwe (1999): Aktiengesetz. 4., neubearbeitete Aufl. München: Beck (Beck'sche Kurz-Kommentare, Bd. 53).

Kämper, Christoph (2008): Die Aktionärsklage und die Kontrolle von Publikumsgesellschaften im deutsch-amerikanischen Vergleich. Frankfurt am Main [u.a.]: Lang (Europäische Hochschulschriften Reihe 2, Rechtswissenschaft, Bd. 4705).

Klunzinger, Eugen (2012): Grundzüge des Gesellschaftsrechts. 16. Aufl. München: Vahlen, Franz (Lernbücher für Wirtschaft und Recht).

Köhler, Helmut (Hg.) (2013): Bürgerliches Gesetzbuch. Mit Allgemeinem Gleichbehandlungsgesetz, BeurkundungsG, BGB-Informationspflichten-Verordnung, Einführungsgesetz, Erbbaurechtsgesetz, Lebenspartnerschaftsgesetz, Produkthaftungsgesetz, Unterlassungsklagengesetz und Wohnungseigentumsgesetz; Textausgabe mit ausführlichem Sachverzeichnis und einer Einführung. 72., überarb. Aufl., Stand: 22. Juli 2013, Sonderausg. München: Dt. Taschenbuch-Verl. [u.a.] (dtv, 5001 : Beck-Texte).

Kort, Michael (2008): Aktiengesetz. 4. Aufl. Berlin: De Gruyter.

Korts, Petra (2008): Der Aufsichtsrat. Satzung, Beschlüsse, Verträge. 2., aktualisierte Aufl. Frankfurt, M: Verl. Recht und Wirtschaft (Heidelberger Musterverträge, H. 121).

Küpper-Dirks, Monika (2002): Managerhaftung und D- & -O-Versicherung. Haftungssituation und Deckungskonzepte. Karlsruhe: VVW.

Lederer, Philipp (2011): Die Haftung von Aufsichtsratsmitgliedern und nicht geschäftsführenden Direktoren. Eine rechtsvergleichende Untersuchung des deutschen, englischen und US-amerikanischen Rechts. Berlin [u.a.]: De Gruyter (Schriften zum europäischen und internationalen Privat-, Bank- und Wirtschaftsrecht, 40).

Leyens, Patrick C. (2006): Information des Aufsichtsrats. Ökonomisch-funktionale Analyse und Rechtsvergleich zum englischen Board. Tübingen: Mohr Siebeck.

Manz, Gerhard (2014): Die Aktiengesellschaft. Umfassende Erläuterungen, Beispiele und Musterformulare für die Rechtspraxis. 7., erg. und aktualisierte Aufl. Freiburg im Breisgau: Haufe-Lexware (Haufe Recht-Handbuch).

Martinho Lotz, Christian (2013): Haftung des Vorstandes der Aktiengesellschaft. Eine Untersuchung zum argentinischen, brasilianischen, deutschen und spanischen Recht. 1., Aufl. Hamburg: Kovac (Schriften zum Handels- und Gesellschaftsrecht, 125).

Mencke, Christian (2012): Die zivilprozessuale Beiladung im Klageverfahren gem. Paragraph 148 AktG. 1., neue Ausg. Tübingen: Mohr Siebeck (Veröffentlichungen zum Verfahrensrecht, 92).

Müller, Welf; Peltzer, Martin; Wellhöfer, Werner (2008): Die Haftung von Vorstand, Aufsichtsrat, Wirtschaftsprüfer. Mit GmbH-Geschäftsführer. München: Beck.

Nagel, Bernhard; Eger, Thomas (1987-): Wirtschaftsrecht. [Verschiedene Aufl.]. München: Oldenbourg.

Niering, Christoph; Hillebrand, Christoph (2012): Wege durch die Unternehmenskrise. Sanieren statt Liquidieren ; ein Praxisleitfaden für Steuerberater und Rechtsanwälte. 3., überarb. und erw. Aufl. Köln: Deubner (Praxiswissen kompakt).

Olbrich, Carola (2007, c 2007): Die D- & -O-Versicherung. 2., überarb. Aufl. Karlsruhe: VVW (Münsteraner Reihe, 87).

Plück, Ralf; Lattwein, Alois (2004): Haftungsrisiken für Manager. Deckungskonzepte und Praxisbeispiele für Geschäftsführer und Vorstände. 2., aktualisierte Aufl. Wiesbaden: Gabler (Financial Times Deutschland).

Polster-Grüll, Barbara (2004): Cash Pooling. Modernes Liquiditätsmanagement aus finanzwirtschaftlicher, rechtlicher und steuerlicher Sicht. 2., Aufl. Wien: Linde (Fachbuch Wirtschaft).

Raguss, Gerd (2009): Der Vorstand einer Aktiengesellschaft. Vertrag und Haftung von Vorstandsmitgliedern. 2., aktual. Aufl. Berlin: Springer.

Schirmer, Kurt-Peter (2010): Krise - Insolvenz - Was nun? Hilfe zur Selbsthilfe! Hamburg: tredition.

Schmidt, Karsten (©1991): Gesellschaftsrecht. 2., völlig neu bearbeitete und erw. Aufl. Köln: C. Heymann.

Schmitt, Stefan Martin (2007): Organhaftung und D und O-Versicherung. Zu haftungs- und deckungsrechtlichen Problemen der Managementhaftung. München: Utz (Münchner juristische Beiträge, 61).

Spielmann, Nina: Internationale Corporate Governance Best Practice Empfehlungen für Klein- und Mittelunternehmen. Unter Mitarbeit von Roland Müller und Martin Hilb.

van Kann, Jürgen; Buchta, Jens (2005): Vorstand der AG. Führungsaufgaben, Rechtspflichten und Corporate Governance. Berlin: Erich Schmidt.

Internet Quellen

Abgabeordnung (Hrsg.): Pflichten der gesetzlichen Vertreter und der Vermögensverwalter, http://www.gesetze-im-internet.de/ao_1977/__34.html, eingesehen am 15.11.2014

Bahnsen Frauke: Zivilrechtliche Haftung des Vorstandes: Außenhaftung gegenüber Aktionäre, 2013, http://www.dasagwissen.de/zivilrechtliche-haftung-des-vorstandes%3A-außenhaftung-gegenüber-aktionären.html?src=1, eingesehen am 30.11.2014

Freidank Carl-Christian: Entwicklung eines Haftungsmanagementsystems für den Aufsichtsrat, Heft 38/2013 Seite 2283, https://www.wisonet.de:443/document/BB__2013380013, eingesehen am 13.12.2014

Bötel Mirja: Persönliche Außenhaftung für fehlerhafte Ad-hoc-Mitteilungen, 2008, https://www.wisonet.de/document?id=GOP__GOP20080726722514272824142321181&src=hitlist, eingesehen am 25.11.2014

Buchholz Dietmar: Haftung des Aufsichtsrats gegenüber den Aktionären, 2008, http://www.dasagwissen.de/haftung-des-aufsichtsrats-gegenüber-den-aktionären%3A-deliktsrechtliche-tatbestände%3A-§§-823-abs.-1,-823-abs.-2-i.v.m.-mit-schutzgesetz,-§-824-bgb-(kreditgefährdung)%3B-§-826-bgb.html?src=1, eingesehen am 01.12.2014

Bundesgerichtshof (Hrsg.): Urteil vom 21.12.2005, 3 StR 470/04 - LG Düsseldorf http://juris.bundesgerichtshof.de/cgi-bin/rechtsprechung/document.py?Gericht=bgh&Art=pm&Datum=2005&Sort=3&anz=179&pos=0&nr=35019&linked=urt&Blank=1&file=dokument.pdf, eingesehen am 06.10.2014

Bundesgerichtshof (Hrsg.): Urteil vom 21.04.1997, 2 ZR 175 / 95., http://web.archive.org/web/19991117034440/http://www.vrp.de/archiv/rupdig/juni97/aktuell/ar292.htm, eingesehen am 10.11.2014

Bundesgerichtshof (Hrsg.): Urteil vom 19.07.2004, II ZR 402 / 02., http://juris.bundesgerichtshof.de/cgi-bin/rechtsprechung/document.py?Gericht=bgh&Art=en&Datum=Aktuell&nr=29754&linked=pm, eingesehen am 25.01.2015

Cromme Gerhard: Ausführungen anlässlich der Veröffentlichung des Entwurfs Deutscher Corporate Governance Kodex, 2001, file:///C:/Users/Kerstin/Downloads/RedeDrCromme.pdf, eingesehen am 09.10.2014

Deutscher Gewerkschaftsbund (Hrsg.): Angemessene Vorstands- und Aufsichtsratvergütung, 2013, fle:///C:/Users/Kerstin/Downloads/vorstands__und_aufsichtsratsverguetungen.pdf, eingesehen am 08.01.2015

Drucksache des deutschen Bundestages 16/12278 vom 17.03.2009: Entwurfs eines Gesetzes zur Angemessenheit der Vorstandsvergütung http://dip21.bundestag.de/dip21/btd/16/122/1612278.pdf, eingesehen am 07.11.2014

Fleischer Holger, Satzungsmäßige Haftungshöchstgrenzen und andere Haftungsmilderungen für Aufsichtsratsmitglieder? Nr. 07-08 vom 15.07.2014 Seite 100, http://www.wiso-net.de/webcgi?START=

A60&DOKV_DB=ZGEN&DOKV_NO=DAR071415001&DOKV_HS=0&PP=1, eingesehen am 28.12.2014

Handelsblatt (Hrsg.): Prozess gegen Ex-Vorstand Gribkowsky eingestellt, 2014, http://www.handelsblatt.com/unternehmen/banken/bayern-lb-prozess-gegen-ex-vorstand-gribkowsky-eingestellt-/9492978.html, eingesehen am 18.11.2014

Hardt Hans Dieter, Ponschab Reiner: Neue Rollenerwartungen an Aufsichtsräte und Beiräte, Nr. 06 vom 16.06.2014 Seite 085, http://www.wiso-net.de/webcgi?START= A60&DOKV_DB=ZGEN&DOKV_NO=DAR061416003&DOKV_HS=0&PP=1, eingesehen am 18.10.2014

Hasselbach Kai: Der Verzicht auf Schadensersatzansprüche gegen Organmitglieder, 2010, https://www.wiso-net.de:443/document/MCDB__102037A, eingesehen am 12.11.2014

Jost Sebastian: Fall Kirch –Deutsche Bank nimmt Breuer in Regress, http://www.welt.de/wirtschaft/article130797230/Fall-Kirch-Deutsche-Bank-nimmt-Breuer-in-R egress.html?config=print, eingesehen am 28.11.2014

Kamp Matthias: Schlammschlacht vor Gericht, https://www.wiso-net.de:443/document/WW__264C87E6-0C12-4360-9D08-C945FB2CDDDB, eingesehen am 18.11.2014

Köcher Anette: Corporate Compliance – Handbuch der Haftungsvermeidung im Unternehmen, 2010, http://www.risikomager.com/index.php?id=162&tx_ttnews%5Bcat%5D=159&tx_ttnews%5Btt _news%5D=15811&tx_ttnews%5BbackPid%5D=775&cHash=33424f314c60d4812a1a2faff3 0b9ff8, eingesehen am 05.12.2014

KPMG (Hrsg.): Rechte und Pflichten des Aufsichtsrats, 2006, http://www.publicgovernance.de/docs/PG_I_2006_Rechte_und_Pflichten_AR_neu.pdf, eingesehen am 01.02.2015

Landgericht Bielefeld (Hrsg.): Urteil vom 16.11.1999, 15 O 91/98, http://www.rws-ver-lag.de/hauptnavigation/volltexte.html?volltext=8b5c8441a8ff8e151b191c53c1842a38&jahr=2 000&date_anchor=04012000, eingesehen am 27.01.2015

ManagerMagazine Online (Hrsg.): Ex Bayern LB Chef Schmidt erhält Bewährungsstrafe, http://www.manager-magazin.de/unternehmen/banken/hypo-alpe-adria-schmidt-kommt-wohl-mit-bewaehrungsstrafe-davon-a-999458.html, eingesehen am 18.11.2014

Peitsmeier Henning, Seiser Michaela: Der Skandal der Hypo Alpe Adria, 2014, http://www.faz.net/aktuell/wirtschaft/bayern-lb-der-skandal-der-hypo-alpe-adria-12634092.html, eingesehen am 18.11.2014

Platow Online (Hrsg.): Vorstands- und Aufsichtsratshaftung – Das „Ision"-Urteil des BGH, 2014, http://www.platow.de/index.php?option=com_k2&view=item&id=101657%3A101657 eingesehen am 15.10.2015

Regierungskommision 24.06.2014: Deutscher Corporate Governance Kodex, http://www.dcgk.de/de/kodex/aktuelle-fassung/praeambel.html., eingesehen am 07.11.2014

Roxin Rechtsanwälte (Hrsg.): Untreue durch Aufsichtsratsmitglieder, 2015, http://www.strafbarkeit-aufsichtsrat.de/untreue.html, eingesehen am 12.02.2015

Thümmel Roderich C.: Aufsichtsräte in der Pflicht? -Die Aufsichtsratshaftung gewinnt Konturen Heft 17 vom 30.4.1999, Seite 885 – 888, http://www.wisonet.de/webcgi?START=A60&DOKV_DB=ZGEH&DOKV_NO=MCDB990885A&DOKV_HS=0&PP=1, eingesehen am 08.10.2014

Tödtmann Claudia: Hinter verschlossenen Türen, 2011, https://www.wisonet.de/document/WW__0000694576/hitlist/0?all=, eingesehen am 18.11.2014

Welp Cornelius: Teuer bezahlt, NR. 009 vom 24.02.2014 Seite 050, https://www.wisonet.de:443/document/WW__1307AAAA-DCCB-4B50-A733-1843E6C8F2E9, eingesehen am 03.12.2014